歴史文化ライブラリー

175

幕末明治　横浜写真館物語

斎藤多喜夫

吉川弘文館

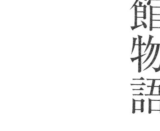

目次

写真上陸――プロローグ　1

黎明期の横浜写真

フリーマンと鵜飼玉川　16

ステレオ写真による「日本の風景」　34

ソンダースとパーカー　40

フェリーチェ・ベアト

ベアト復活　56

精力的な撮影旅行　69

なんでも屋ベアト　86

ベアトの写真の魅力　96

下岡蓮杖

甦る蓮杖　108

写真との出会い　112

判明した「ウンシン」の正体……123
写真館の開業……132

横浜写真の盛衰

勃興の条件……146
スティルフリートと日本写真社……154
蓮杖の弟子たち……163
輸出用工芸品として……168
日下部金兵衛……177
ファルサーリと玉村康三郎……192
横浜写真の衰退……200
横浜写真の意義――エピローグ……205
あとがき
参考文献

写真上陸――プロローグ

情報の時代

横浜は海外情報の受信基地であるとともに、日本情報の発信基地でもあった。情報の媒体は今も昔も音声や文字、すなわち言語が基本だが、異なる環境と歴史のもとで、それぞれ独自の道を歩んできた民族が接触するとき、異質な風景や人々の形質、生活習慣などを情報として伝達するためには、画像が大きな役割を果たす。

十五世紀後期に始まる大航海時代の当初、未知の海陸に乗り出していったポルトガルやスペインの探険者たちは、復命書の添付資料のようなつもりで、「発見」した土地の住民を捕虜にして連れ帰ったものだった。画家たちは船乗りからの伝聞をもとに想像画を描き、それが版画となって流布した。やがて、画家自身が船に乗り込み、世界各地の風景や人々をスケッチするようになる。かれらの作品は、木版画や銅版画・石版画に移されたうえで、書物や新聞の紙面を飾った。

十九世紀後半になると、画像情報のソースの一つとして写真が登場する。しかし、写真製版技術が発明されるまでは、写真もスケッチと同じように版画の原稿（下絵）となり、絵画に変換されて流布するほかなかった。また、写真は迫真性のゆえに、報道と結びつくのも早く、旅行写真家や従軍写真家が世界各地で活動を始める。かれらのうちの何人かが、幕末の横浜にも足跡を印している。やがてかれらから技術を習得した日本人カメラマンが誕生し、日本のイメージを横浜から輸出するようになる。幕末・明治の横浜は、輸出入貨物の集散地であるだけではなく、画像情報の生産地であり、集散地でもあった。

過去の画像情報は、今日のわたしたちから見ると、当時の日本の風景や人々の生活の様子を、文字資料とは異なるかたちで伝える貴重な歴史資料となる。戦後の高度経済成長期以降、かつては歴史の堆積物でもあった風土や生活が、国土のかなりの部分で一変してしまったので、歴史資料としての画像資料の意味はよけい大きなものとなっている。それらは文字資料から想定される過去の姿を補い、あるいは修正してくれる。

しかし、画像資料は、石器や土器などの考古資料と同じように、物言わぬ存在である。写し撮られた風景が何時《いつ》の何処《どこ》のものなのか、人物が誰なのか、それがわからなければ無価値に等しい。逆に言えば、文字資料と画像資料を組み合わせることによって、豊かな歴史の世界の再現を期待しうるのである。

わたしが勤務する横浜開港資料館は、横浜に関する歴史資料の収集・保存・公開を目的とする地域文書館として、昭和五十六年（一九八一）にオープンした。博物館や美術館と異なり、収集資料の基本は文字資料であって、画像資料は傍流《ぼうりゅう》だが、開館後は定期的に企画展示を開催することが予定されていたこともあり、浮世絵や古写真も精力的に収集された。その結果、文書館にしては珍しく豊富な画像資料を所蔵することになったが、同時にそれを文字資料と一体的に活用する点に特色があり、展示や出版などでその成果を公表してきている。

本書では、横浜を中心に、時代を追って写真の歴史を解説するが、判明した事実を紹介するだけではなく、新事実発掘の舞台裏をも紹介し、写真史研究のおもしろさを知っていただきたいと思う。それにもちろん、主題が写真なだけに、写真にこめられた豊かな情報を読み解く楽しさも、わたしの経験に即して可能なかぎり紹介してみたい。

写真の定義

写真は長らく「感光膜の上に定着した映像」と定義されてきた。しかし、最近では電気や磁気の変化によっても映像が記録されるようになった。感光物質の化学的変化のほかに、電磁気の物理的変化によって記録する方法が登場したのである。したがって、現在では、「化学的あるいは物理的変化により記録された映像」と定義しなおす必要がある。しかし、本書で扱う「古写真」は、電磁気による記録が登場する以前、もっぱら感光物質の化学的変化によって映像が記録された時代のものなので、「感光膜の上に定着した映像」という古典的な定義を踏襲《とうしゅう》することにする。

銀板写真の誕生

写真誕生の前史に、カメラ・オブスキュラという写生の道具があった。カメラはラテン語で部屋、オブスキュラは暗いという意味を表す。つまり暗室のことである。その一点に穴をあけると、反対側の壁に外の景色が反転して映ることは、はるか紀元前の昔から知られていた。ヨーロッパでは、十六世紀中ごろ、小穴にレンズをはめて鮮明な映像を得る方法が発見された。そのころからスケッチや測量に利用されるようになる。十七世紀後半には、暗室のなかに四五度の角度で鏡を置き、光を反射させて上下を正像に戻すレフレックス型が考案された。その像をピント・グラスに映し出し、トレーシング・ペーパーをあてて写生する道具である。カメラ・オブスキュラは、十八世紀末ごろ、蘭学者《らんがくしゃ》によって「写真鏡」と翻訳され、日本にも紹介された。

写真は、カメラ・オブスキュラのピント・グラスの位置に映像を定着しうる感光剤の発見によって誕生する。フランスのジョセフ・ニセフォール・ニエプスによって一八二七年に撮影された「世界最初の写真」には、感光剤としてアスファルトが用いられた。イギリスのウィリアム・ヘンリー・フォックス・タルボットが考案したカロタイプは、塩化銀紙に写し撮るものである。その直後、フランスのルイ・ジャック・マンデ・ダゲールが銀板《ぎんばん》写真法を発明した。フランス政府がこの発明を買収して公表したのが一八三九年（天保十）八月十九日、同時にダゲールと提携したパリの光学商ジルーが、ジルー・ダゲレオタイプ・カメラを売り出した。実用に堪えうる最初の写真法の誕生である。今からおよそ一六〇年前のことであった。

銀板写真法とは、銀メッキを施《ほどこ》した銅板に気化した沃素《ようそ》をあてて沃化銀《ようかぎん》の感光膜を作り、撮影後水銀を熱した蒸気にあてて現像し、さらにハイポ（チオ硫酸ソーダ）で定着するものである。当初は晴天の戸外で三〇分もの露光《ろこう》時間を必要としたため、人物を撮影することは不可能だった。その後、沃臭化銀《ようしゅうかぎん》法やハロゲン化銀法が考案され、レンズの改良とあいまって、露光時間は一〇〜二〇秒程に短縮されたので、肖像写真の撮影も可能となった。銀板写真法は、左右が反転してしまい、一度に一枚の画像しか得られず、高価で露光時間も長いという欠点をもっていたが、美しい画像が得られるので広く普及した。

ダゲレオタイプ・カメラは、その公表から約一〇年後の嘉永元年（一八四八）、早くも日本に上陸した。オランダ船が将来した器具一式を、長崎の商人上野俊之丞《しゅんのじょう》が引き取り、薩摩藩が購入したのである。薩摩藩では藩主島津斉彬《しまづなりあきら》のもとで、洋学者の川本幸民《かわもとこうみん》や松木弘安《まつきこうあん》（のちの寺島宗則《てらしまむねのり》）らが、当初は江戸の藩邸、のちには鹿児島で研究に従事した。

安政四年（一八五七）九月十七日（補注1）には、宇宿彦右衛門《うしゆくひこえもん》と市来四郎《いちきしろう》が斉彬の肖像の撮影に成功した。日本人が日本人を撮影した現存唯一の銀板写真である。

写真の研究は福岡藩や水戸藩でも行われた。これらは西洋の科学技術習得の一環として行われたものであり、高度の知識や多くの費用を要するため、一個人のなしうるものではなかった。

島津斉彬像は「日本人が日本人を撮影した現存最古の銀板写真」だが、外国人が日本人を撮影した銀板写真にはもっと古いものがあった。それは昭和五十七年（一九八二）にパリで発見され、川崎市市民ミュージアムが収集した二枚と、六十年にニューヨークで発見され、横浜美術館が収集した二枚である。発見当初、被写体や撮影者、撮影の場所や年代も不明だったが、すべて同じ形態なので、ひとまとまりの写真であり、一八五〇年代に密航者か遭難者が撮影されたものではないかと推測されていた。この推測が図星《ずぼし》だったことは、平成八年（一九九六）に古写真収集家の井桜直美《いざくらなおみ》氏が入手したニューヨークの新聞、『イラストレーテッド・ニュース』の一八五三年一月二十二日号に、謎を解く記事と図版が掲載されていることによって判明した。被写体は一八五〇年の冬、浜田彦蔵（アメリカに帰化して「ジョセフ・ヒコ」となる。通称アメリカ彦蔵）らとともに遭難した栄力丸《えいりき》の乗組員、「いわぞう」「しんぱち」「こめぞう」らで、翌一八五一年、救助されたアメリカ船上で

H・R・マークスが撮影したのであった（「われらが日本人最初の被写体」『朝日新聞』一九九六年七月四日号夕刊）。次に述べるペリー艦隊員による撮影の三年前のことである。

ペリー艦隊員による銀板写真の撮影

嘉永六年（一八五三）と翌安政元年、日本に開国を迫るべく来航したペリー提督《ていとく》率いるアメリカの日本遠征艦隊は、さまざまな文明の利器を携えていた。写真機もその一つだった。一八五四年三月十五日（安政元年二月十七日）、日米交渉の舞台となった横浜の警備のために動員された松代《まつしろ》藩兵の参謀佐久間《さくま》象山《しょうざん》と、艦隊の随行カメラマン、エリファレット・ブラウン・ジュニアが会話を交わしている。

象山はその時点ですでに写真のことをかなり詳しく知っていたが、そのような日本人はもちろんごくわずかだった。しかし、象山のような知識人の背後には、広範な庶民の間に、長い鎖国のもとで鬱積《うっせき》し、幕末にはきわめて先鋭化していた知的好奇心があった。そのことは、その翌日、同じくブラウンによる写真撮影の様子を目撃した一日本人が、「写真鏡」を魔術としてではなく、薬品の変化によって「玉板」の表面に形象を定着させる技術として、『亜墨理駕《アメリカ》船渡来日記』（石野瑛編、武相叢書。復刻版、名著出版、一九七三年）に冷静に書き留めていることからもうかがえる。

ブラウンが撮影した写真は、『ペリー艦隊日本遠征記』の挿絵の原画として利用されたが、その後失われた。写真製版技術が発明されていなかった当時、写真を挿絵とするためには、それを石版画に直す必要があった。印刷を急ぐため、ニューヨークとフィラデルフィアの四ヵ所の印刷所で作業が行われ、そのうちの一ヵ所が火災に遭《あ》ったというのだが、そうだとすれば他の三ヵ所の写真は無事だったはずである。それらがどこかに眠っていて、いつの日か発見されるという夢も消えたわけではない。

現存が確認されているのは、被写体となった日本人に贈与された六枚だけである。そのうちの三枚、松前藩の家老松前勘解由《かげゆ》と奉行石塚官蔵、用人遠藤又左衛門の写真は戦前から知られていた。他の三枚は比較的近年発見された。まず昭和五十七年、ハワイのビショップ博物館で通訳名村五八郎の肖像写真が見つかった。通訳が活躍したのは日米交渉が行われた横浜なので、横浜で撮影された可能性が高い。そうだとすると、日本で撮影された日本人の写真としてはこれが現存最古ということになる。かつて子孫からハワイ州に寄贈されていたものであった。ついで翌五十八年浦賀奉行所与力田中光儀の写真が見つかった。さらに平成十年（一九九八）、下田奉行所支配組頭黒川嘉兵衛《かひょうえ》の写真が世に出た。

鶏卵紙と湿板写真法

タルボットのカロタイプは、ネガ像を感光紙に焼き直すか複写してポジ像を得るものであった。紙を直接感光液に浸すため、紙自体が感光性を帯びてしまい、映像が不鮮明になる欠点があった。それを克服したものの一つが、一八五〇年にフランスのブランカール＝エヴラールによって発明された鶏卵紙《けいらんし》と呼ばれる印画紙である。紙の上に食塩などの塩化物を混入した卵白を塗り、乾燥後硝酸銀溶液に浮かせて塩化銀の感光膜を作るものである。塗布材に鶏の卵を混ぜることから鶏卵紙と呼ばれる。卵白を引いた原紙は大量生産できるが、鶏卵紙自体は保存がきかないため、撮影者が自ら作製しなければならなかった。

もう一つが、翌年イギリスのフレデリック・スコット・アーチャーによって発明された湿板《しつばん》写真法である。ネガの支持体を光の透過性のよいガラスに、感光剤をダゲレオタイプと同じ沃化銀《ようか》に置き換えたものである。その作製方法は、ガラスに沃化カリを溶解したコロジオン（硝化綿《しょうかめん》をアルコールとエーテルの混合液に溶かしたもの）を塗り、それを硝酸銀溶液に浸して沃化銀を生じさせるという面倒なものだが、銀板に比べて安価なこと、鶏卵紙に焼き付けることによって何枚も鮮明な画像を得られることから、またたくまに銀板を駆逐してしまった。乾くと感光性を失うため、濡れているうちに撮影しなければならず、撮影後ただちに硫酸鉄液を注いで現像する。湿板と呼ばれるのはそのためである。

日本では俗に「濡れ板」「なま撮《ど》り」などと称された。露光時間は条件により数秒から数十秒の間であった。なお、ガラスのネガを黒い紙や布の上に置くと、ポジに反転して見える。これをアンブロタイプといい、やはりアーチャーによって考案された。日本でも

「硝子《ガラス》撮り」と称して、肖像写真には長らく使用された。

ネガから印画紙に何枚も焼き付けられるということは、マス・プロが可能なことを意味する。銀板写真より材料費が安いこともあり、湿板写真の登場によって、写真がビジネスとして成り立つ条件が与えられた。また、湿板写真は、濡れているうちに撮影から現像まで済ませなければならないので、野外撮影ともなると、薬品一式から暗室まで持ち歩かねばならず、一八七七年（明治十年）以降普及する乾板に比べれば、はるかに高度の知識や技術と労力が必要であった。このこともプロ・カメラマンの登場を促す条件となった。

外国使節団の随行カメラマン

ペリー艦隊同様、日本に派遣された諸国の使節団にも写真家が同行していた。安政五年（一八五八）に来日したエルギン卿率いるイギリスの使節団には、ナソー・ジョスリンという写真家が随行していた。イギリスのヴィクトリア&アルバート博物館に、'Japanese Commissioners' という書き込みのある七人の侍の写真が収蔵されている。この写真の存在は前から知られていたが、被写体や年代・場所などがわからないために、史料価値も判然としなかったのである。

日本人漂流民の写真同様、物言わぬ写真は、文字情報と結びつくことによって、にわかに雄弁になる。謎を解いたのは、日本関係の古書籍や古写真のディーラーであり、研究者であるイギリスのテリー・ベネット氏とセバスチャン・ドブソン氏、謎を解く鍵は、横浜開港資料館が収集したジョスリンの父親ローデン伯爵宛書簡にあった。一八五八年十月四日付の書簡に、「日本の交渉委員の写真をお送りしましたよね。ちょうど条約を締結した直後に、かれらが出てきたところを撮ったものです」という一文があり、写真と一致する人物配置図が添えられていて、各人物の名前が記入されていたのである（大山瑞代「ナソー・ジョスリン書簡集」『横浜開港資料館紀要』一七号〈一九九九年三月〉所収）。

それによると、被写体は前列右から永井尚志《ながいなおゆき》・堀利熙《ほりとしひろ》・井上清直《いのうえきよなお》・森山多吉郎《もりやまたきちろう》、後列は右から津田正路《つだまさみち》・水野忠徳《みずのただのり》・岩瀬忠震《いわせただなり》、目付の津田と通詞《つうじ》の森山以外はいずれも外国奉行で、イギリス使節団と条約締結交渉に当たった面々、外交の一線に立っていた俊秀たちであり、幕末の政局で重要な役割を果たしながら、悲運に見舞われた人々である。場所は江戸の西応《さいおう》寺、日英修好通商条約が締結された一八五八年八月二十六日（安政五年七月十八日）に撮影されたもので、湿板写真法によって撮影された日本人の写真としては現存最古である（「七人の侍懸命でござる」『朝日新聞』一九九八年八月二十五日号）。

プロ・カメラマンの来日

開港直後の安政六年（一八五九）、最初の職業写真家としてフランス人ロシエ（ROSSIER.P.）が長崎にやってきた。その後、江戸・神奈川・横浜、さらに長崎で撮影に従事した。長崎での活動に関する確かな記録に、一八六〇年（万延元）十月十三日付の長崎駐在イギリス領事モリソンの公使オールコックあて公信がある。造成中の大浦居留地の様子を本国に知らせるために、この年の夏、ロシエに撮影を依頼した写真について報告したものである。イギリス外務省の文書に綴り込まれている大浦居留地を中心とする三枚組と、長崎港の全景八枚組（出島を写した一枚は他に転用されたためか欠落している）（補注2）の写真がそれに該当する。日本の風景を写した現存最古の湿板写真である。この写真は、小沢健志編『幕末・写真の時代』（筑摩書房、一九九四年）に収録されている。モリソンの公信によると、ロシエはロンドンのネグレッティ&ザンブラ社（Negretti & Zambra）から派遣されていた。

同社については、ロンドンに滞在していた知人の大山瑞代氏に調べていただいたことがある。大山氏の調査によると、同社はイタリア出身のネグレッティがロンドンで設立した一流の光学機械・気象観測器具のメーカーであった。大英図書館に収蔵されている一八五九年ころのカタログから、写真機材やステレオスコープを製作するとともに、ステレオ写真を販売していたこともわかった。ロシエの作品はネグレッティ&ザンブラ社の手で焼き増しされ、シリーズ写真として販売されたものと思われる。『タイムズ』紙の一八六〇年十月三日号に入荷予告が掲載されている、同社の派遣した写真家の手になる日本の「珍しく奇異なる一箱の写真」こそ、ロシエの作品にほかならないのではないか。ロシエは横浜にも足をのばして撮影したというが、残念ながらその作品は知られていない。（補注3）

本書の校正中に、ロンドンのテリー・ベネット氏からロシエに関する最新の情報が寄せられたので、少しだけ紹介しておく。ロシエはおそらくフランス系スイス人で、長らくイギリスに滞在し、一八五八年、ネグレッティ&ザンブラ社から第二次アヘン戦争に揺れる中国に派遣された。翌年か翌々年、フィリピン経由で日本にやってきた。しかし、来日の日付や滞日中の行動、離日の日付などは依然として定かでない。(補注4)

(補注1)この日付には疑問が提出されている。谷昭佳「日本写真史における中浜(ジョン)万次郎の位置とその周辺―江川家伝来写真を中心にして」、巻末参考文献『日本近代化へのまなざし 韮山代官江川家コレクション』、二一四頁。

(補注2)その後、この一枚の写真が長崎歴史文化博物館に所蔵されていることが判明した。姫野順一監修『写真発祥地の原風景/長崎』(東京都写真美術館、二〇一八年)、八九頁参照。なお、現在ではこれらの写真は現存最古とは言えない。

(補注3)その後、テリー・ベネット氏は来日直後にロシエが撮影した写真を収集した。横浜開港資料館ではそのうち、横浜と野毛の写真を入手した。横浜の写真は、横浜市ふるさと歴史財団編『横浜　歴史と文化』(有隣堂、二〇〇九年)、五頁に掲載されている。

(補注4)その後、ベネット氏の研究により、次のようなことが明らかになった。ロシエは一八二九年七月十六日、スイスのフリブール(フライブルク)州で生まれ、一八五五年、写真取材のためネグレッティ&ザンブラ社から中国に派遣された。一八五九年、イギリス総領事(のち公使)オールコックとともに軍艦サンプソン号で日本へ向かい、六月四日長崎に到着、六月二十六日には江戸に到着した。一八六四年

14

十一月帰国、郷里で写真館を経営していたが、一八七二年パリで客死した。巻末参考文献 Terry Bennett, *Photography in Japan 1853-1912*, PP.41-51

黎明期の横浜写真

フリーマンと鵜飼玉川

薄明のなかから

一五年前、わたしは写真史の分野での処女論文となった「横浜写真小史」(『F・ベアト幕末日本写真集』横浜開港資料館編・刊、一九八七年)の冒頭で、次のように書いた。

「横浜もののはじめ物語」の大半がそうであるように、開港以後最初に横浜の土を踏んでシャッターをきった写真家が誰であったか、本当のところは何もわかっていない。

開港の年、安政六年の松木《まつき》弘安《こうあん》(のちの寺島《てらしま》宗則《むねのり》)の書簡には、早くも「横浜ニ写真ヲ為《な》ス洋人来レリ」という記述があるし、翌万延元年の川本幸民の書簡にも、「此ごろ横浜へ米人ニ而《て》右模写を致し、代金を定居《さだめおり》候《そうろう》もの有之《これある》よし承《うけたまわり》候《そうろう》間《あいだ》、近日写されに参度《まいりたき》心組ニ御座候」という記述がある。鵜飼《うかい》玉川《ぎょくせん》に写真術を伝授したという米人富麗満《フリーマン》もそうした写真家の一人であろう。……しかし、これらの人々の事績については、今のところ徴すべき資料がない。そこでわたしたちの横浜写真事始は、断片的ながらその行動と作品の片鱗《へんりん》を窺《うかが》うことができるソンダースをもって始まる。

今読み直してみると、黎明期《れいめいき》の横浜の写真史について、事実の断片が垣間見えながら、全体像が見えないもどかしさが伝わってくる。その後、フリーマンの実像が判明することによって、不十分ながらも、事実の断片が一つにまとまりつつある。

鵜飼玉川の写真塚

幕末期の年代記として定評のある斎藤月岑《さいとうげっしん》の『武江年表《ぶこうねんぴょう》』（平凡社、東洋文庫、一九六六年）に、「西洋写真鏡の技術は云々」として、

「武州久良岐郡横浜港に於いて場をひらき、其の技を施しける輩あり。始めは男女の容姿を専《もっぱら》として、山川台榭万象《さんせんだいしゃばんしょう》に至らず。写せる所も鮮明ならず。適《たまたま》依稀《いき》たる疎影を得て珍重せる人もありしが、次第に串熟《かんじゅく》せるもの出来、玉川三次《ぎょくせんさんじ》、信夫何某《しのぶなにがし》、大鐘隆慶《おおがねりゅうけい》なんどいへるもの、江戸に於いて弘めんとしける頃云々」とあり、日本人職業写真家第一号の候補者として、玉川三次・信夫何某・大鐘隆慶といった人々の名を上げている。

誰が本当に最初なのか？　この問題を改めて検討してみようと思い、小沢健志《たけし》先生（当時九州産業大学教授）にお願いして、いくつかの資料のコピーをいただいた。そのなかに、「七十四年前の湿板──鵜飼翁の写真塚から発掘──」と題する『サン写真新聞』昭和三十一

年十月二日号の記事があった。写真塚とは、鵜飼玉川（玉川三次と同一人物）が、明治十六年（一八八三）、自身の撮影した写真を東京谷中《やなか》の墓地に埋めたものである。そこに玉川の経歴を記した「写真冢記《しゃしんづか》」の碑が建てられている。玉川はその四年後に死去し、塚の脇に埋葬されたが、墓碑にも経歴が記されている。塚の発掘は九月三十日、同新聞社の手で行われ、何枚ものガラス板写真が発見された。その複写プリントを小沢先生から拝借し、そのうちの一枚を、原所蔵者である玉川の曾孫鵜飼幸雄さんの許可を得て、明治時代の手彩色写真を集めた『彩色アルバム・明治の日本』（有隣堂、一九九〇年）という写真集の解説編「横浜写真の世界」に掲載させていただいた。

谷中墓地の甲三号四側九にある玉川の墓碑を訪ねたのは平成二年（一九九〇）の正月九日、薄日をたよりに、かじかむ手で「写真冢記」と「玉川翁墓碑銘」を筆写した。これらに、玉川が開港直後の横浜でフリーマン（FREEMAN, Orrin E.）というアメリカ人から写真術を習ったことが記されているのである。この碑文は、活字では公表されていないと思ったので、全文「横浜写真の世界」に掲載した。刷りあがった本を鵜飼さんに献呈したところ、礼状に添えて、市川任三《にんぞう》氏の「東都両国薬研堀《やげんぼり》写真師鵜飼玉川小記」（『立正大学教養部紀要』二二号〈一九八九年三月〉所収）という論文をいただいた。見ると、「写真冢記」には句読を付し、「墓碑銘」は書き下し文で全文が紹介されている。玉川が配布した

「写真鏡大意」というチラシなどの史料をはじめ、玉川に関する史料にはすべて言及されていたのである。結局、わたしの苦労は無駄だったわけである。

墓碑と「写真家記」の両方を総合すると、玉川は文化四年（一八〇七）、常陸《ひたち》府中藩士遠藤三郎兵衛の第四子として、江戸小石川の藩邸で生まれた。その後実家を離れ、母方の姓を冒《おか》して鵜飼と名乗った。幼名は幾之助、のち三二《さんじ》と改める。「三次」は別字表記、「玉川」は号である。

「写真家記」に次の一節がある。

横浜開港ノ歳、洋人始テ写真術ヲ伝フ、翁此術ノ世ニ益アルヲ悟リ、之《これ》ヲ友人ニ謀ルニ、大ニ賛成シテ其業ヲ助ケ、遂ニ米人フレイーマンニ就テ学ヒ、尽《ことごと》ク其法ヲ得テ業ヲ薬研堀ニ開ク、当時人之ヲ怪ム、業モ亦《また》行ハレス、既ニシテ世人其妙ヲ知ル者衆《おお》ク、王公貴人招請スル者二百余家、其他知ル可《べ》シ、蓋《けだし》写真術ノ我邦ニ行ハル、、実ニ翁ヲ以《もっ》テ嚆矢《こうし》トナス。

また、「玉川翁墓碑銘」には次のように記されている。

横浜開港之初、翁其地に遊び、奇貨を得んと欲す、たまたま米利堅《メリケン》人冨麗璊なる者、写真法を伝う、翁従って其術を究む、すなわち去りて江戸に還り、居を薬研堀街に卜《ぼく》し、影真堂と号す、本邦写真之術、実に此において権輿《けんよ》す。

しかし、碑文には開業の年月が記されていない。「文久元辛酉年初秋新鐫《しんせん》」の「大江戸当盛鼻競《とうせいはなきそい》・初編」と題する番付（林英夫・芳賀登編『江戸明治庶民史料集成〈番付・下〉』〈柏書房、一九七三年〉）の「雷名遊客《らいめいゆうかく》」の部に、「写真　玉川三次」とあることは以前から知られており、これによると創業は少なくとも文久元年（一八六一）に遡《さかのぼ》るようにみえるが、そのように断定するのがためらわれていたのは、「フレイーマン」あるいは「冨麗璃」の実像があまりにも曖昧模糊《あいまいもこ》としており、「写真」が営業を示すのか、あるいは趣味・特技のようなものなのかはっきりしなかったからである。

ロジャースの回顧談

玉川に写真術を伝授した「フレイーマン」あるいは「冨麗璃」とは何者であろうか？　ロジャースというイギリス人居留民の'Early Recollections of Yokohama 1859–1864'と題する回顧談が、この疑問に答えてくれた。一九〇三年（明治三十六）十二月四日に横浜文芸協会で行った講演の原稿が、翌五日の『ジャパン・ウィークリー・メイル』紙に掲載されたものである。

ロジャース（ROGERS, George William）は一八三九年イギリスの生まれ、五九年（安政六）十二月に来日し、オリファント商会に勤務するが、同社は六一年（文久元）の半ばに横浜から撤退した。ロジャースは六四年一月帰国、約二〇年後の八三年（明治十六）再び来日し、一九〇六年のクリスマスに山手病院で死去、山手の外国人墓地十三区に埋葬された。訃報《ふほう》記事によると、さほど目立つ存在ではなかったが、傑出した記憶力の持主だったという。

回顧談の内容は、一八五九年から六四年にかけての最初の滞在期間に見聞した事柄だが、とくに来日直後の六〇年ごろのことが詳しい。大事件よりも、実際に経験したことや、外国人と交渉のあった日本人についての記述が豊富な点に特色がある。そのなかに次の一文があった。

> 最初の雑貨店をO・E・フリーマンが開いた。フリーマンが初めて貿易品としてカメラとその付属品をもたらし、数ヵ月間写真家として開業した。残念ながら、撮影したのは肖像写真だけで、しばらくのちに作品のすべてをある日本人に売却し、その日本人に仕事を教えた。こうして斯業《しぎょう》の第一歩が踏み出されたのである。

このたった数行の文章によって、雑貨商フリーマンと鵜飼玉川に写真術を伝授した「フレイーマン」あるいは「冨麗瑞」が結びつき、フリーマンという人物の像が一つに結ばれたのである。フリーマンから写真業を譲渡された「ある日本人」が鵜飼玉川にほかならないことも明らかであろう。

フリーマンの実像

山手の外国人墓地のなかでももっとも古い墓域の二十二区にフリーマンの墓がある。墓碑銘《ぼひめい》によると、一八三〇年九月九日、ボストンの生まれ、六六年（慶応二）八月十六日、横浜で死去している。六五年七月にイギリス領事法廷で行われたある裁判で証言台に立ち、「過去五年半、この港で雑貨店を経営している」と述べているので、逆算すると六〇年（万延元）初頭の来日と判明する（補注1）。日本側の記録では、万延元年五月十六日付で外国奉行がイギリス代理領事に報告した「居留商人名前」に「フリーメン」とあるのがもっとも早い（『通信全覧』神奈川居留地談判之三・英国之部・三拾三番）。ロジャースの回顧談の内容が万延元年ころの出来事を中心としていることから考えて、フリーマンの開業は同年中のことと推測される。そうだとすると、以下の事例はフリーマンに関わるものであろう。

①石井研堂《けんどう》の『明治事物起源』（明治文化研究会編『明治文化全集』別巻）に、「安政七年（＝万延元年―引用者）三月、米国人某の、神奈川にて写せる津田仙の肖像写真あり。方二寸ばかりの硝子とりにて、浅き蓋つきの箱に納む。箱の内外とも、金から（ママ）箱の模様に似たる精巧の飾りあり、画面今に少しも変化せず」という記述がある。方二寸は約六センチ四方に当たり、当時の標準サイズ1／6（約八×七センチ）より小振りである。

②川本幸民から武谷《たけや》椋亭《りょうてい》にあてた万延元年五月七日付書簡に、「此比《このごろ》横浜へ、米人ニ而《て》右模写を致し、代料を定め居《お》候もの有之《これある》よし承候間、近日為写《うつさせ》ニ参度心組ニ御座候」というくだりがある。同じく十月四日付書簡にも、「横浜へ参居候米人所望之者の像

を取暮《くれ》候よし、格別高価ナル事ニ御坐候」とある（遠藤正治「湿板写真術と洋学者」『洋学』二号〈一九九四年四月〉所収）。

③先の『武江年表』中の、横浜で「場」を開き、専ら肖像写真の撮影にあたった「輩」もフリーマンのことであろう。

なお、『サン写真新聞』によると、発掘された写真のなかに、彩色された外国人少女像があったという。現存最古の彩色写真である。玉川がフリーマンから譲り受けた写真の一枚なのではないか。

出島松造と大築尚志の肖像写真

平成二年（一九九〇）に、朝日新聞社の後藤和雄氏によって出島松造《でじままつぞう》の肖像写真が紹介された（図1）。玉川の写真塚から発掘されたフリーマン伝来と考えられる写真と同じ1／6サイズであり、彩色が施されていること、出島は万延元年（一八六〇）末アメリカに密出国しているので、その直前に横浜で撮影されたと考えられることなどから、これこそフリーマンの写真に他ならないという点で、後藤氏と小沢健志先生とわたしの意見は一致した（後藤和雄「国内最古のカラーは『幕末密航青年』」『写真考古学』〈皓星社、一九九七年〉所収）。写真は黒い布張りの木箱に入っており、枠飾りは勝海舟《かつかいしゅう》が咸臨丸《かんりんまる》で渡米した際、サンフランシスコのウィリアム・シューの写真館で写した写真のそれとほぼ同じである。当時アメリカでごく普通に

図1　出島松造（後藤和雄『写真考古学』より）

使用されていた市販品を輸入したものと考えられる。

出島は明治元年（一八六八）帰国、北海道開拓使で働いたのち、晩年には横浜植木株式会社の役員を務めた。明治四十二年の横浜開港五十年祭に際して、横浜貿易新報記者の取材に答えた回顧談が『横浜開港側面史』に収録されている。それによると、出島は万延元年二月、十九歳で横浜に来て雑貨屋で働いていたが、アメリカへ行きたくなり、「米国人ソーヨ」に雇われて密航の機会をうかがっていた。十二月十八日出航の船にソーヨとともに乗り込み、密航に成功したという。二七日目にサンフランシスコに到着、雑貨店や農場で働いた後、ソーヨが開いた日本雑貨店の店長になった。

「米国人ソーヨ」とは何者だろうか？ これに該当する人物としては、この後も本書にしばしば登場するラファエル・ショイヤー以外には考えられないのだが、ショイヤー自身は日本を離れたことがなく、長男のアーネストも日本にいた形跡があるから、出島とともにサンフランシスコに渡り、日本雑貨店を開いたのは、次男のフランクかもしれない。ショイヤーについては後でまた触れることとして、もう少し鵜飼玉川の写真を追ってみよう。

図2　大築尚志
（沼津市明治史料館提供）

出島松造の写真が出現した時点でわたしたちは知らなかったのだが、じつはれっきとしたフリーマンの写真が現存していた。それは旧幕臣の洋学者で、明治時代には造兵事業の中枢を担った大築尚志《おおつきたかゆき》の肖像写真である（図2）。この写真は令孫に当たる大築志夫氏が沼津市明治史料館に寄贈された資料に含まれており、すでに樋口雄彦氏が昭和六十二年に「大築尚志略伝」(『沼津市博物館紀要』一一号)で紹介していたのであった。うかつにも見落としていたのである。

樋口氏によると、写真の裏には「大築保太郎(尚志の通称)二十六歳ノ時ノ像ニテ、時安政七庚申年(＝万延元年)六月十五日、横浜ニ於テ亜墨利加人フリーメン写真鏡ヲ以テ写ス」と記されているほか、写真に添えられた板片には、「因ニ曰此写真ヲ為シタル米人フリーメント云フモノハ、日本ニテ初メテ写真横浜ニテ此頃ヨリ為シハジメタルモノニテ、此頃ハ未タ紙取リノ術ハ開ケズ、只硝子取ノミナリシナリ、但シ此ノ如キ硝取《(ママ)》ニテ代金壱分ナリ、其頃ハ甚タ高価ノモノト世人皆言ヒアヘリ」と記されている。

洋学の心得があり、横浜を訪れる機会のあった人びとの間では、フリーマンの写真館はそれなりに知られた存在だったようである。

日本人最初の職業写真師は鵜飼玉川

先に鵜飼玉川の開業の時期を、「大江戸当盛鼻競・初編」という番付から、文久元年(一八六一)と推測したが、これについてはもっと確かな史料がある。

福井市立郷土歴史博物館に保存されている春嶽《しゅんがく》公記念文庫には、幕末期の藩主松平春《しゅん》嶽《がく》やその夫人勇姫《ゆうひめ》などの肖像写真が含まれており、そのうち三点の写真のケースの内側に、「影真堂鵜飼玉川」の紅印《べにいん》を捺した小紙片が貼られている。同博物館の西村英之氏は、これらと春嶽に政治顧問として招かれた横井《よこい》小楠《しょうなん》の肖像写真（横井小楠記念館保管）について、文献資料と突き合わせて調査した結果、次のような興味深い事実を明らかにしている（「福井写真史考―松平家と写真―」『（福井市立郷土歴史博物館）研究紀要』六号〈一九九八年三月〉所収）。

　春嶽の江戸滞在中に側近が記した「御用日記」の文久元年八月十九日条に、「写真巧者成《なる》町人両国鵜飼玉川、信良心配ニて呼寄ニ付、御茶屋下二ノ間へ罷出《まかりいで》、惣《すべ》て道具持参、小楠正服写真二仰付、外記方斎宮・信良為写取申候」という記載がある。文中、「信良」とは蘭方医坪井《つぼい》信良《しんりょう》、「外記」は家老の酒井外記《げき》、「斎宮」は蘭学者の市川斎宮《さいぐう》のことである。つまり、信良の手配で写真の巧みな町人玉川が呼ばれ、正服を着用した小楠の写真を二枚撮影、外記と斎宮が同席した、という意味になる。小楠は翌日江戸を立って福井へ向かった。

　小楠は明治二年（一八六九）暗殺されるが、春嶽は写真を遺影として大切に保管し、八年、小楠の嫡男《ちゃくなん》時雄《ときお》に与えたという。現存する裃《かみしも》姿の小楠の写真に玉川の印記はないが、この時撮影されたものであることは、九分九厘明らかであろう。文久元年八月の時点で、玉川が写真師として江戸で知られる存在だったことも明らかとなる。

　他方、玉川の印記のある三枚についても、西村氏は興味深い事実を明らかにしている。

江戸詰の側用人《そばようにん》島田近江の「諸事覚日記」文久二年十二月十八日条には、中根牛介が春嶽と夫人の勇姫、生母の青松院の写真を撮ったことが記録されている。ところが、先の「御用日記」によると、翌十九日と翌々二十日にも牛介による写真撮影が行われたが、これには「手伝《てつだい》」として玉川が加わっていたという。

牛介とは福井藩の参政中根雪江《ゆきえ》の嫡男、翌年家督《かとく》を相続し、側用人見習となっている。その牛介が写真術を身に付けたのは、趣味というより、春嶽側近としての公務であろう。しかし、その技術は未熟だったようで、十八日にはうまくいかず、結局翌日プロの玉川の助けを借りたのである。その際、ガラス板からケースまで、玉川が持参したものを用いたため、玉川の印記のあるケースに牛介の撮影した写真が収まることになった。その証拠に、これらの写真の画像は不鮮明で、そのうちの一枚など被写体がまったく識別不能である。

これら三枚の写真はいずれも約八×七チセンの大きさで、当時1／6と呼ばれ、ダゲレオタイプ以来もっともポピュラーなサイズであった。勇姫の写った二枚は枠飾りが同一、被写体不明の一枚の枠飾りは、先述の勝海舟がシューの写真館で写した写真のそれと同じで、製造元のS. Peck & Co.の文字が印刷されている。ついでながら、横浜開港資料館が保管する咸臨丸提督木村喜毅《よしたけ》の写真（木村家所蔵）の枠飾りの外枠は、咸臨丸の大工頭《だいくがしら》鈴木長吉がシューの写真館で写した写真と同じ、中枠は福沢諭吉がシューの娘を脇に立たせて写した有名な写真と同じである。つまり、これらは当時広く使用されていた既製品であって、フリーマンが輸入したものを玉川が使っていたと容易に推測される（木村の写真は『木村芥舟とその資料』〈横浜開港資料館、一九八八年〉、勝・鈴木・福沢の写真は小沢健志編『幕末―写真の時代―』〈筑摩書房、一九九四年〉に収録されている）。

なお、写真そのものは現存しないが、『明治事物起源』に「著者曾《かつ》て、中村敬宇《けいう》先生、慶応二年十月、英国に渡るに際し撮影したるものを観《み》しことあり。二寸五分程の正方形の硝子とりにて、周囲に金縁を嵌《は》め、浅き桐箱入なり。背に東都両国薬研堀影真堂鵜飼玉川の印記あり」という記述がある。これも1／6サイズの写真であろう。

陽の目を見た鵜飼玉川の写真

一昨年（平成十四年）の七月初旬、上田さんという方から電話があった。親戚の家から鵜飼玉川の写真が出てきたので、見てほしいとのことであった。七月五日、横浜開港資料館に来館された上田夫妻が示された写真（図3）は、一見して本物とわかるものだった。写っているのは夫人のはるさんの先祖に当たる幕臣、三浦秀真《みうらしゅうしん》。うつむきかげんに本か手帳を読む様を写した、なかなかしゃれた構図である。大きさは六・五×五㌢で、金色の枠飾りが付いており、桐箱に収められている。大きさは『明治事物起源』が伝える津田仙《つだせん》の肖像写真と、枠飾りの中枠は春嶽公記念文庫の被写体不明の写真とほぼ同じである。

図3　三浦秀真
右は枠飾りから取り出して複写したもの。
(横浜開港資料館所蔵)

桐箱の蓋《ふた》に「寿像」、箱の裏に「東都両国薬研堀　影真堂鵜飼玉川」、内側に「影真堂玉川移」の印記があり、蓋の内側には「三浦秀真像　文久三十月九日　写之時年二十一才」の墨書《ぼくしょ》がある。寿像とは、没後追慕のために描かれる遺像に対して、生前に描かれる肖像画を意味する言葉であり、市川任三氏が紹介された影真堂の包装紙にも印刷されている。

この写真は、現存最古ではないが、撮影者・被撮影者・撮影日時・撮影場所がすべて明確な点で、日本写真史上きわめて貴重なものである。この貴重な写真が、一昨年末、上田夫妻や所蔵者の豊城直祥《とよきなおあき》氏のご厚意により、横浜開港資料館に寄贈されることになったのは、わたしにとって望外の喜びだった。

結局、鵜飼玉川に関してわたしが付け加えた新事実は、その師フリーマンに関することだけであった。しかし、これによって、万延元年初頭に来日し、横浜居留地で雑貨商を営んでいたフリーマンが、写真機を輸入して肖像写真の撮影に応じたこと、その仕事を「ある日本人」に譲渡したが、それが玉川と考えられることなどが明らかになった。

しかし、問題はなお残る。「写真冢記《しゃしんづかき》」に「横浜開港ノ歳、洋人始テ写真術ヲ伝フ」とあるが、文字通り受け取れば安政六年（一八五九）のことであり、この「洋人」がフリーマンならば、そのように記述したはずである。また、「寺島宗則自叙年譜」の安政六年の条に、「横浜ニ写真ヲ為《な》ス洋人来レリ、当時マテハ玻璃《はり》板ニ写スノ外、紙ニ写スノ術ハ未タ広ク伝ハラサル事ニヤ、其《その》玻璃板ノ自影今尚《いまなお》存セリ」という一節がある。寺島が運上所の訳官として横浜に滞在したのは、安政六年七月から翌万延元年七月までのことなので、この間の出来事である。安政六年中のことだとすると、この「洋人」はフリーマンではありえない。では誰なのか？(補注2)

さらにもう一点、三浦秀真像の出現によって、改めて注目される写真がある。それは平成元年（一九八九）二月六日付『朝日新聞』（夕刊）紙上で紹介された大阪の商人、稲田佐七郎の肖像写真である。写真のサイズも枠飾りも三浦秀真のそれとまったく同じである。ただ、桐箱の蓋が、三浦秀真のものは差し込み式なのに対して、覆《おお》い蓋《ぶた》のかたちになっている。蓋の裏面には「武蔵国神奈川港於横浜開港初年、万延元申八月上旬横浜於仏蘭西《フランス》館写之《これをうつす》、稲田氏、廿二歳像」と記されている。

紹介記事は「仏蘭西館」に注目し、横浜のフランス領事館でフランス人写真家ロシエが撮影したのではないか、という推測を記しているが、万延元年にはフランス領事館はまだ神奈川から横浜に移転していない。幕末期の日本人の記録に現れる外国人の国籍はきわめて不正確であって、英《えい》一番館として知られるジャーディン・マセソン商会のバーバーが、フランス人ともオランダ人とも記されており、例を挙げれば切りがない。

形態に着目すれば、三浦秀真のそれと一致するとともに、『明治事物起源』が万延元年三月「米国人某の、神奈川にて写せる」ものと伝える津田仙の肖像写真とサイズが一致することも注目される。ただし、これは「浅き蓋つきの箱」に入っていたが、「箱の内外」に金色の飾りが付いていたというので、桐箱ではない。稲田佐七郎の写真は、形態的には津田仙と三浦秀真の中間に位置する。所詮《しょせん》推測にすぎないが、独立する前、フリーマンのもとで修業していた時期の鵜飼玉川の作品なのではないであろうか。

（補注1）ベネット氏の研究により、一八五九年上海にスタジオを開設、翌一八六〇年初頭横浜に移ったことが判明した。ベネット氏が推測しておられるように、写真館経営が先で、それと同時か、あるいはそれを手放したのち雑貨店を経営したとも考えられる。

（補注2）この「洋人」がロシエであることは今や明らかである。

ステレオ写真による「日本の風景」

ガワーの「日本の風景」

一八六一年（文久元）六月一日、香港から帰任した英公使オールコック（ALCOCK, Rutherford, *Sir*）は、長崎領事モリソン、公使館員ガワー（GOWER, Abel Anthony James）、画家のワーグマンらとともに、長崎から陸路江戸へ向かった。オールコックの著作『大君《たいくん》の都《みやこ》』には、奈良から笠置《かさぎ》へ向かう途中、ガワーが大名の邸宅を「写真に撮ることに成功したが、それをここにかかげるだけの値打ちはほとんどない」という記述が見られる。同書にはワーグマンのスケッチがいくつか掲載されているが、ガワーの写真は利用されていない。

実はガワーもネグレッティ&ザンブラ社と特派員契約を結んでいたらしい。（補注1）ガワーと同社との関係については、事実と推測を交えて、次のように整理できる。

図4　神奈川湊（横浜開港資料館所蔵）

①ロンドンのフォトグラフィック・ニュース社が刊行したT・C・ウェストフィールド（WESTFIELD, T. C.）の講演筆記『日本人――その風俗・習慣――』（*The Japanese ; their Manners and Customs*）には、ネグレッティ&ザンブラ社から提供を受けた六枚のステレオ写真が貼付《ちょうふ》されている。その一枚目には日本人士官や他の公使館員とともにガワーが写っている。そのうちの一枚、神奈川湊の写真（図4）は、横浜市域の写真としてはいまのところ現存最古である。

②「日本の風景」（Views in Japan）と題するシリーズ写真の一枚に、イギリス公使館に当てられていた江戸の東禅寺の庭で、銃をもって日本人士官と警備に当たるガワーの写っているステレオ写真がある。横浜開港資料館では、

これと同じ台紙に神奈川宿および上記の神奈川湊の写真が貼られているものを入手した。台紙のどこにもネグレッティ&ザンブラ社の名がないのは不審だが、このシリーズ写真は、ガワーが撮影して同社が販売したものか、少なくともそれが元になったものであろう。

③イギリスの『アート・ジャーナル』誌の一八六一年十一月号に、ネグレッティ&ザンブラ社の作成になる一〇八枚の中国と日本のステレオ写真に関する論評記事が掲載されている。Views in Japan がその一部だとすると、それとは別に Views in China とでも名付けられたシリーズ写真があったのかもしれない。

以上の事実を総合して、ガワーもアマチュアながらネグレッティ&ザンブラ社と特派員契約を結んで来日したと考えることができよう。また、「日本の風景」というシリーズ写真のうちに、ガワーの撮影した写真が含まれることも、まず間違いない。しかし、それがすべてガワーの写真だということにはならない。ロシエの写真が含まれている可能性もある。松本逸也氏によると、ライデン大学の古写真コレクションには、一枚だけロシエのサインのある写真があり、それはガワーの肖像写真だという(『幕末漂流』人間と歴史社、一九九三年)。つまり、ガワーが写っているからといって、それがガワーのカメラで撮影されたとは限らない、ということになる。

それに、テリー・ベネット氏によると、もう一人、ウッドベリー（WOODBURY, Walter B.）というカメラマンが同社からジャワに派遣されており、中国と日本にも立ち寄っているという。その作品が含まれている可能性もある。一枚一枚について撮影者を特定するのは難しいが、いずれにせよ、開港直後の日本の映像を記録するにあたって、ネグレッティ&ザンブラ社の果たした役割がきわめて大きいことは明らかである。

幕末・明治初期のステレオ写真

写真がアルバムにまとめられて販売される以前、かなりの種類のステレオ写真が販売されていた。これは、同性能のカメラを二台、レンズが人の両眼と同じ間隔になるように並べ、同時にシャッターを切れるようにしたもので、その結果、図4のように、少しずれた二枚の映像が得られる。これをステレオ・ビューワーで見ると、遠近感が出て立体的に見える。若い人のなかには「音の出る写真」と勘違いする人もいるので念のため。

横浜の写真を含むものとして、次のようなシリーズが知られている。これらについては、材料や史料が乏しく、詳細は不明だが、ネグレッティ&ザンブラ社が先鞭《せんべん》を付け、同社から版権の提供を受けたか、あるいは他のカメラマンから入手したか、さらには独自に契約したカメラマンを派遣したか、いずれかの方法で写真を収集したフランスやアメリカの版元が出版したものであろう。

①パリのBKなる版元が出版した「中国と日本」（Chine & Japon）と題するシリーズ。横浜開港資料館が所蔵する一枚には、「日本、横浜、巡回料理人」という意味のフランス語が記され、屋台とその前に立つ二人の日本人が写されている。(補注2) 後方に洋風の建物が見えるので、横浜である可能性は高い。幕末的な雰囲気の写真である。

②長崎大学図書館にブルガー（BURGER, Wilhelm）の「中国と日本」（China und Japan）というステレオ写真が一二枚収蔵されている。オレンジ色の台紙に特色があり、長崎の市街風景と上野彦馬《うえのひこま》の写場で写したと考えられる人物写真が含まれている。テリー・ベネット氏によると、ブルガーはオーストリアのカメラマンで、明治二年（一八六九）八月、オーストリア＝ハンガリー帝国の遣日使節団の随員として長崎を訪れ、翌年三月に帰国するまでの間、自ら撮影するとともに、長崎の上野彦馬や横浜の下岡《しもおか》蓮杖《れんじょう》らからガラス・ネガを収集した。この時助手として来日した十五歳の少年が、のちに『ファー・イースト』の紙面をすぐれた写真で飾ることになるミヒャエル・モーザーであった。(補注3)

③メトカフ（METCALF, William H.）というアメリカ人カメラマンが、一八七〇年代初頭に横浜や江ノ島で撮影したステレオ写真が存在する。アメリカのH・H・ベネット社が売り出したものであった。

それにしても、どうしてこんなにステレオ写真が多いのだろう。ステレオ・ビューワーで古いステレオ写真を見ていると、タイム・スリップしそうな感覚に襲われる。おそらくその理由の一つは、写真以外のものが目に入らない、つまり写真の世界に没入できるからである。もう一つは、ステレオ写真は立体的に見えることによって解像度が増す、つまり迫真性が増すという特徴をもっているからである。小さいのに迫真性がある。ネガと印画紙を密着させ、天日で焼き付けた時代である。写真が小さければ、カメラも小さくてすむ。ステレオ・カメラは携帯用のフィールド・カメラの役割を果たしていたのではないか。未知の世界に分け入り、欧米の人々がはじめて目にする映像を提供しようとするカメラマンたちにとって、シャッター・チャンスを失うことなく、しかも迫力のある映像が得られるステレオ・カメラは格好の手段だったのであろう。


（補注1）残念ながらこの推測はまったく間違っていた。これらの写真はすべてロシエが撮影したものと判明した。詳しくは、巻末参考文献「横浜写真小史再論」参照。

（補注2）この写真はフランス人ポール・シャンピオン撮影の Vue du Japon の一枚であることが判明したが、ＢＫは依然不明。

（補注3）ブルガーとモーザーについては、巻末参考文献『高精細画像で甦る 一五〇年前の幕末・明治初期日本』、および『明治初期日本の原風景と謎の少年写真家』参照。

ソンダースとパーカー

ソンダースの来日

明治二十六年（一八九三）正月十四日付『ジャパン・ウィークリー・メイル』紙に、小さな訃報記事が出ている。

上海と北中国における唯一の写真家であり、広い尊敬と高い評価を得ていたウィリアム・ソンダース氏（SAUNDERS, William）が昨晩死去された。氏は旧式外輪船のリームーン号に乗って、一八六〇年、上海にやってきた。一旦イギリスに帰って写真術を学び、当時「黒魔術」と呼ばれた旧式の湿板写真術の道具一式を携えて戻ってきたのである。そして数年の間に、それまでカメラに収められたことのなかった北京の各所をたくさん撮影した。かれはまた、タイクンとサムライの時代の日本に旅行した。いまや日本の風景写真はほとんど世界中で見られるけれども、かれはおそらくそれらにレンズを向けた最初の人であったろう。

香港で発行されていたディレクトリー（商工名鑑）をめくって見ると、一八六四年以降、上海で中国名「森泰象館」という写真館を経営していた人物にソンダースがいる。また、『ジャパン・ヘラルド』紙に掲載されている船客名簿を見ると、六二年八月二十五日上海から到着したラットルスネーク号と、同年十一月十三日上海へ向かったジンキー号にSaunders の名が見えるから、この間の三ヵ月半程が滞日期間であった。

老中の肖像写真

宣教師S・R・ブラウン（BROWN, Samuel Robins）の一八六二年（文久二）十一月八日付書簡のなかに、ソンダースに関する記事が出ている（高谷道男編訳『S・R・ブラウン書簡集』日本基督教団出版局、一九六五年）。

アメリカ公使は非常に政府の依頼と尊敬とをうけています。先日も公使のお伴をして、老中即ち内閣の諸大臣に会見するため、江戸城の奥殿に行ってきました。四時間にわたり、愉快な会見をいたしました。その間に、大臣たちは、あらかじめ手配されていた一イギリス人の写真師に写真をとらせていました。そのため、霧雨の中を四回も戸外に出て、着席しました。……プリュイン氏はまた、ギュリック氏とソンダース氏とわたしとのために、江戸の景色を写す許可を得てくれました。その場所は二年前、プロシャの写真家がカメラを向けることさえ許されなかった場所です。すなわち、大君

図5　老中の肖像（『絵入りロンドン・ニュース』1863年9月12日号より。横浜開港資料館所蔵）

の城と敷地、城壁、堀などです。

十月二十五日付の書簡にも似たような記述があるが、おそらく同じ日のことであろう。日本側の記録『続通信全覧』によると、アメリカ公使と老《ろう》中《じゅう》との会見が行われたのは十月十四日であり、これに先立つ往復書簡のなかでアメリカ側は、「其節《そのせつ》写真師を同伴すべし」と述べている。

『絵入りロンドン・ニュース』の一八六三年九月十二日号に、「ソンダース氏撮影の写真による」として「日本の三人の大臣たち、すなわち日本ではゴロージオ〔御老中〕と呼ばれる人々の肖像」が掲載されている（図5）。三人の老中とは水野和泉守《いずみのかみ》・板倉周防守《すおうのかみ》・小笠原図書頭《ずしょのかみ》である。次に紹介するソンダースの写真に対する『ジャパン・ヘラルド』紙の論評にも、「ゴロージオ（Gorogio）の肖像写真」のことが出てくるから、霧雨の中で老中を撮影していた一イギリス人とはソンダースに他ならず、その写真こそ図の元となったものに違いない。

『ジャパン・ヘラルド』紙の論評

一八六二年九月二十日付『ジャパン・ヘラルド』紙に、二十日から五日間、肖像写真の撮影に応ずること、また写真の展示・即売を行う旨のソンダースの広告が出た。住所は居留地五十一番となっている。そして、同紙の十月二十五日号に、かれの写真についての長大な論評が出た。

論評は、「マルコ・ポーロが墓から蘇《よみがえ》って来たとしたら、われわれが、彼が語るジパングかチパンゴの驚くべき話を聞いて、彼の愚かな同国人のように、信じられないと冷笑するのを見て喜ぶかもしれないが、五五〇年の時を経ても、ヨーロッパが、彼が知っていた以上には日本のことを知らないことに驚くだろう」というオズボーンの『日本への航海』（島田ゆり子訳、雄松堂出版、新異国叢書、第Ⅲ集四、二〇〇二年）のなかの言葉の引用から始まっている。

オズボーン自身が、また『エルギン卿遣日使節録』（岡田章雄訳、雄松堂出版、新異国叢書九、一九六八年）の著者オリファントらが、無知を一掃するにあたって多くの貢献をしたが、「しかしいまや、そのために訪れた一紳士によって、この美しい国と人々、その住いや寺、民衆が集う景勝地のありのままの姿について、これまで企てられ、また企てられ

ニュース』1863年９月12日号より。横浜開港資料館所蔵）

るであろうどのような文字による叙述もとうてい及ばない程、正確な観念がもたらされることであろう」として、ソンダースの写真を紹介している。

とくに六枚組の横浜全景（図6）については、一枚一枚にていねいな解説が付いている。これは山手から撮影した三六〇度パノラマ写真で、この後繰り返し撮影される同様の写真の端緒《たんしょ》となったものである。横浜の定点観測の第一号であり、画像情報としての史料価値もきわめて高い。ちょっと意外なのは、『ジャパン・ヘラルド』紙の論評記事では、この写真の主題と思われる外国人居留地や日本人市街もさることながら、周囲の農村部分にきわめて高い評価が与えられていることである。この写真を読み解くためにも、また当時の外国人の日本の風景に対する見方を知るうえでも興味深いので、抄録してみよう。

六枚のプレートで、外国人と現地民の居住区を含む横浜とその周辺地域が構成されている。一番左の画像は、風景としてはおそらく全体のなかでもっともすばらしいものであ

図6　ソンダースの横浜全景（『絵入りロンドン・

り、日本の風景の独特の性格を示している。

ソンダースの横浜での行動について知りうることは、以上がすべてである。かれは上海に戻ったのちも日本に向けてアンテナを張り続けていたようである。一八七一年（明治四）には開港直後の神戸に現れ、居留地四十九番で六月八日から十四日までの一週間、肖像写真の撮影に応じている。そして十五日にはなぜかステレオ・カメラを含むカメラや資材を競売にかけて日本を後にしている（*The Hiogo News*, June 10, 1871）。古くなった機材の処分を兼ねた出張撮影だったのかもしれない。

ソンダースの作品

『ジャパン・ヘラルド』紙の記事によると、ソンダースが日本で撮影した写真は、先に紹介した六枚組の横浜全景や五枚組の江戸全景を含む計八五枚から成っていた。被撮影地点は、横浜とその周辺・江戸・東海道・鎌倉等であり、横浜に近い根岸湾や金沢、鎌倉の寺と大仏、江戸城や浅草寺・増上寺など、日本の名勝風景として、後世あまりにもポピュラーとなる対象がすでに含まれている。

注目されることの一つは、「鎌倉の寺」と題される写真の解説に、「垂木《たるき》等は赤く彩色されており、周囲の立派な木立《こだち》に映えて、ひときわ壮麗に見える」と記されていることである。この写真にはすでに彩色が施されていたと考えられる。事実、ソンダースは上海に戻った後の一八六三年五月に、日本の「初めての手彩色写真（hand-tinted photographs）」を、最新式の迫真的な画像として宣伝している（*Daily Shipping & Commercial News*, May 26, 1863）。フリーマンはすでに肖像写真に彩色していたが、自身で誇らしげに宣伝しているように、風景写真に彩色したのはソンダースが第一号であろう（補注1）。

ソンダースのこれらの作品は、一五年前に「横浜写真小史」を書いた時には、『絵入りロンドン・ニュース』の挿絵によって、片鱗《へんりん》を知ることができるだけだった。その後、ソンダースのオリジナル・プリントと考えられる写真がいくつか現れた。その一つは、後藤和雄・松本逸也編『甦《よみがえ》る幕末』（朝日新聞社、一九八六年）に収録されているステレオ写真で、「弁天のオランダ公使館、一八六二年」という書き込みがある。この年にオランダ公使館をステレオ写真で撮影した人物は、ソンダース以外に考えられないのである。

もう一つは、ワーズウィック・コレクションに含まれるもので、横浜開港資料館も同じものを収集した'Bridge with Guard Room–Yokohama'と題する写真（図7）であり、『ジャパン・ヘラルド』紙の記事にある'Bridge with Japanese Guard'に該当する可能性が高い。

図７　谷戸橋と関門番所（横浜開港資料館所蔵）

（右2枚。長崎大学附属図書館所蔵）

これは外国人居留地を日本人市街と隔てるために掘られた運河（堀川）に架けられた谷戸橋とそのたもとに設けられた関門番所を写したもの、番所の右手には、時代劇でおなじみの刺股《さすまた》などの捕物道具が鮮明に写っている。これだけ高画質の写真が今日までさほど褪《たい》色《しょく》もせずに伝わるということは、撮影はいうまでもなく、現像・定着から印画紙への焼き付けにいたるまで、寸分のスキもないプロの技が前提になければならないであろう（ワーズウィック・コレクションの写真は、小沢健志編『新版　写真で見る幕末・明治』〈世界文化社、二〇〇〇年〉に収録されている）。

残された史料も作品もわずかだが、

図８　ソンダースの横浜全景

ソンダースがすぐれた技量の持主であったこと、その着眼点は、その後日本を訪れた外国人写真家やその影響を受けて仕事を始めた日本人写真家によって基本的に継承されていることがわかる。短期間の滞在にもかかわらず、横浜写真の創始者の一人に数えてよい写真家である。

ここまで書き進めたとき、長崎大学附属図書館から封書が届いた。同図書館では幕末・明治期の古写真を収集し、インターネットで公開しているが、その画質を高めるとともに、解説文を更新することになり、横浜の部分についてわたしに原稿が依頼された。そのために写真のカラー・コピーが送られてきたのである。そのうちにハッとする一枚があった（図8）。インターネットで公開されていた写真だが、低画質の小さい写真だったので、すでに知られている一八六三年のパノラマ写真の一部だとばかり思っていたのである。しかし、大きなカラー・コピーで見ると明らかに違う。何よりも違うのは英国教会がまだ建っていない。つまり一八六三年のパノラマ写真より古いのである。もしやと思って『絵入りロンドン・ニュース』掲載の版画と照合してみると、ピッタリ一致する。これこそ、六枚組のうちの二枚だけだが、ソンダースの写真に他ならなかったのである。

幕末といってもまだ百数十年前のこと、人類の歴史からみれば数秒前のようなものである。まだまだ新しい発見がある。こうした発見に立ち会うことができるのも、写真史研究の楽しみの一つである。

パーカーの活動

一八六三年（文久三）、ソンダースに替わって、チャールズ・パーカー（PARKER, Charles）というやはりイギリス人の写真家が横浜にやってきた。一八六五年七月二十九日付『ジャパン・ヘラルド』紙は、「現在横浜にいる写真家のうちで最初に到着した人」としてパーカーの名を挙げているので、次に述べるベアトより早いと考えられる。

例によって、香港版のディレクトリーをめくってみると、前年まで香港で営業していたことがわかる。来日・開業とも正確な日付は不明だが、九月十二日付『ジャパン・ヘラルド』紙に、「薩英戦争の光景（View of the Battle of Kagosima）」、「新しい横浜の全景（A new Panoramic View of Yokohama）」等の写真の売出広告を出している。住所はソンダースと同じ居留地本町通り五十一番であった。他の史料によって裏付けることはできないが、薩英戦争の写真を売り出しているからには、ベアトが下関戦争に従軍したように、パーカーも文久三年七月のイギリス軍による鹿児島砲撃に従軍した可能性がある。香港版のディレクトリーでは、パーカーは一八六八年版から名前が消えており、その後の動静はさだかでない。

パーカーの営業内容については、広告を通じていくらかのことを知りうるにすぎない。一八六五年（慶応元）十二月七日付の広告では大阪と兵庫の写真をＰＲしている。外国公使団が条約勅許を求めて大阪・兵庫に遠征したのは十一月のことだが、大阪・兵庫の写真を売り出しているところをみると、パーカーがこれに随行した可能性がある。報道写真家としても活躍したようである。

パーカーの作品として伝わるものはほとんどないが、一つ候補がある。『横浜市史稿』（地理編）と『開港七十年記念横浜史料』に、いずれも「飯泉《いいいずみ》金次郎氏所蔵」として、「独逸《ドイツ》人バルケル氏の撮影」という写真が掲載されている。内容からみて慶応元年（一八六五）ころの横浜全景である。パーカーの広告が、『ジャパン・コマーシャル・ニュース』の翻訳と思われる文久三年の『日本貿易新聞』では「横浜五十一番ハーケル」となっており、パーカーが「バルケル」と訛《なま》っても不思議はない。また、「独逸人」と記されていることに関していえば、幕末に日本人の語る外国人の国籍がまったく当てにならないことを、わたしは何度も経験している。

なお、最近、パーカーの印のある手札判写真が市場に出るようになったが、値段が高くて手が出ない。研究が進んで知名度が上がると、その写真家の作品の値も上がるという因果関係がある。結局、わたしたちは古写真の研究をすることによって、その市場価格を吊り上げ、ついには自らも手が出せなくなる、というなんとも皮肉な立場に置かれているわけである（パーカーの手札判写真は、井桜直美『セピア色の肖像』〈朝日ソノラマ、二〇〇〇年〉に三点収録されている）。

初期のアマチュア・カメラマンたち

湿板《しつぱん》写真は高度の知識と複雑な手順を必要とする一方で、マス・プロが可能なことから、写真を職業とするプロ・カメラマンの登場を促したことについて先に述べた。それは事実だが、しかし、かなり早い時期からアマチュア・カメラマンの存在が知られるので、このことをあまり過大に考えないほうがよさそうである。フリーマンもガワーもアマチュアに毛の生えた程度の写真家だった。おそらく、湿板写真の普及にともなって、小型のカメラや暗室、薬品のキット、わかりやすいマニュアルなどが開発され、アマチュア・カメラマンの誕生を可能としたのであろう。黎明期《れいめいき》の日本写真史では、アマチュア、あるいはセミプロのカメラマンが重要な役割を果たしている。

ソンダースとともにアメリカ公使に同行して江戸城に赴いた宣教師のブラウンもその一人であった。ダッチ・リフォームド・ミッション（オランダ改革派教会の宣教団体）のアメリカ人宣教師、S・R・ブラウンとD・B・シモンズ（SIMMONS, Daune B.）が神奈川に到着したのは一八五九年（安政六）十一月一日、その際シモンズはミッションの費用で購入した写真機を携えていた。その後シモンズは宣教師を辞め、ミッションを離れたため、写真機はブラウンの手に渡った。ブラウンは独力で研究したが、一八六一年秋ごろにはまだ使いこなすことができず、買った写真を本国に送っている。一八六二年夏、日本を訪れたギュリック博士の援助を得て、ブラウンがはじめて撮影に成功したのは十月であった。その月の十四日に、ソンダースらと江戸城に赴いたのであった。

ブラウンやシモンズと同じ船で来日し、しばらく一緒に神奈川の成仏寺で暮らした後、横浜に移ってウォルシュ・ホール商会を設立したフランシス・ホールも写真機を所持しており、各所を撮影したことがその日記に記されている。

日本人も負けてはいない。アメリカで教育を受けた日本人漂流民、ジョン・マンこと中浜万次郎は、万延元年（一八六〇）の遣米使節の護衛艦咸臨丸《かんりんまる》に通訳として乗船し、アメリカへ渡ったが、帰国に際してミシンやアコーディオンと一緒にカメラを持ち帰った。（補注2）また、篠田鉱造の『幕末百話』（増補版、ワイド版岩波文庫、二〇〇一年）によると、幕臣某の話として、長州戦争に赴く前、元治元年（一八六四）に講武所奉行渡辺甲斐守《かいのかみ》の子息に写真を撮ってもらったが、素人としては良く写っていたという。

（補注1）その後、ロシエが一八五九年の来日直後に撮影したステレオ写真が何枚も発見されたが、そのなかにすでに彩色写真があった。

（補注2）幕府代官江川家の史料「江川文庫」のなかに、万延元年（一八六〇）中、中浜万次郎が撮影した肖像写真が複数存在する。巻末参考文献『日本近代化へのまなざし 韮山代官江川家コレクション』参照。

フェリーチェ・ベアト

ベアト復活

幻の写真家

昭和三十二年（一九五七）五月、イギリスからF・D・バロウズ（BURROWS, F. D.）氏が横浜を訪れた。明治四十年（一九〇七）から大正十二年（一九二三）の関東大震災まで、横浜で絹織物の貿易に従事していた人である。氏はベアト（BEATO, Felice）のアルバムを二冊携えており、それを在英日本大使館と在日英国大使館に寄贈するつもりだった。

当時横浜では、戦後復興の節目《ふしめ》として、翌年に開港百年祭が計画され、新市庁舎の建設や横浜市史の編集が進められていた。そんな雰囲気のなかで、氏と旧知の間柄であったホテル・ニューグランドの野村洋三社長が横浜市への寄贈を要請したところ、「横浜の役に立てば」と快諾《かいだく》、一冊は横浜市へ、もう一冊は英国大使館へ寄贈されることになった。五月二十八日に贈呈式が行われ、平沼亮三《りようぞう》市長に手渡された。七月九日には「石黒《いしぐろ》ダンナ」ことユーモア作家にして古写真収集家の石黒敬七《けいしち》氏が市長公舎を訪れ、アルバムを閲覧して「一級品」と鑑定、横浜に写真博物館を作る夢を語って帰っている。

開港百年祭の行われた三十三年に『横浜市史・第一巻』、翌年には第二巻が刊行された。第二巻の口絵として、アルバムから「生麦事件現場」が収録され、ベアトの写真が世に知られるきっかけとなった。アルバムは市史編集室が保管し、現在は横浜開港資料館が継承している。開港資料館の古写真コレクションの核となったアルバムである。

しかし、ベアトはなお「幻の写真家」だった。昭和六十一年（一九八六）といえば、すでにベアトの再評価が進んでいたが、あるリーフレットには「幻の写真家　F・ベアトの写真」と題して、「ベアトは、たくさんの日本の貴重な写真を撮りましたが、彼についての記録は、ほとんどありません」と記されていた。

相次ぐ作品紹介

横浜市に寄贈されたバロウズ氏のアルバムの全貌《ぜんぼう》が紹介されたのは『市民グラフ・ヨコハマ』二四号（横浜市、昭和五十三年三月）、英国大使館へ寄贈されたアルバムの一端は、『週刊読売』昭和五十六年四月十九日号で紹介された。ベアトの存在が知られるようになるのはこのころからではないだろうか。

日本でベアトの存在が再発見されるのと時を同じくして、欧米の写真史家や美術史家の間でも、その作品が注目されるようになった。リア・ベレッタ氏によれば、その画期となったのは、一九七九年（昭和五十四）から翌年にかけて、ニューヨークのジャパン・ソサエティー・ギャラリーで開催された「日本の写真　一八五四—一九〇五」（Japan Photographs 1854-1905）という展示会であろう、という（リア・ベレッタ「フェリーチェ・ベアト—十九世紀日本のフォトジャーナリスト—」『日伊文化研究』三六号〈一九九八年三月〉所収）。その結果、ベアトの来日以前の足跡や作品もかなり判明することになった。

昭和六十一年（一九八六）には、朝日新聞社がオランダのライデン大学絵画写真博物館の古写真コレクション（補注1）を紹介する展示を各地で開催、これに合わせて『甦《よみがえ》る幕末』という図録を刊行し、いずれも好評を博した。そのなかにはベアトの作品が多数含まれていた。そして、翌六十二年の二月から四月にかけて、横浜開港資料館で企画展示「写真家ベアトと幕末の日本」を開催し、合わせて『F・ベアト幕末日本写真集』を刊行したのである。

A・ベアトとF・ベアト

ベアトが「謎の写真家」とされた理由の一つは、生没年やその場所が不明だったこと、もう一つはA・ベアトとの関係が不明だったことである。「スフィンクスと侍」として今ではすっかり有名になった写真には、A・ベアトの署名がある。まだスエズ運河の開かれる前、紅海を船で通り、スエズで上陸した幕府の第二次遣欧使節団の一行は、陸路カイロに到着し、しばらく滞在した。その間を利用して「三角山」（ピラミッド）と「巨大首塚」（スフィンクス）の見物に出かけたのは一八六四年四月四日の午後、その姿が写真に収められたのである。万延元年（一八六〇）の遣米使節をはじめ、日本人の世界デビューという歴史的な出来事を記録した写真は多いが、これほど印象深い映像は他に例を見ない。

ところが、F・ベアトのほうは、その直後の八月から九月にかけて、英仏蘭米四ヵ国連合艦隊の下関砲撃に従軍している。四ヵ月弱でカイロから下関へ移動することは不可能でないだけに、さまざまな想像をかき立てたのである。はたしてA・ベアトとF・ベアトは同一人物なのか、別人なのか？

この謎は、フランスの『モニトゥール・ド・ラ・フォトグラフィー』の一八八六年六月一日号に掲載された小さな記事によって氷解した。それは次のようなものである。

> ルクソール在住の写真家アントニオ・ベアト氏は、イギリス通信欄で語られている写真の実験とその発表に本人がまったく関わりがないことを報道するよう本誌に求めている。この写真コレクションは、かれの弟である日本在住のフェリーチェ・ベアト氏の手になるものであるとのことである。（リア・ベレッタ前掲「フェリーチェ・ベアト——十九世紀日本のフォトジャーナリスト——」より引用）

ヴェネツィア大学のザニエル（ZANIER, Italo）教授は、かなりオーバーな表現で、「写真史上、最もエキサイティングな謎の一つがついに解けた」と述べておられる。何の変哲もない一つの小さな記事によって、長年の謎が解けてしまうところが、写真史のおもしろさの一つである。

生まれ故郷は東地中海

生没年を含めて、ベアトの履歴に関する伝記的研究は、イギリスの研究者、ジョン・クラーク、ジョン・フレーザー、コリン・オスマンの三氏が共同で精力的に進めている（John Clark, John Fraser, and Colin Osman, 'A revised chronology of Felice (Felix) Beato (1825/34?–1908?)', *Japanese Exchange in Art 1850s–1930s*, by John Clark, Sydney, 2001. 以下、逐一は記さないが、本稿はこの論考に基づく点が多い）。その結果、コンスタンティノープル（現在のイスタンブール）のイギリス総領事館の記録から、父はダヴィデ・ベアト、生年は一八三四年、場所はかつてヴェネツィアの植民地で当時イギリス領だったコルフ島（ギリシャの西方、イオニア海に浮かぶ島）であることが判明した。それまで、生年は一八二五年、場所はヴェネツィアかコンスタンティノープルと考えられていたのである。旧説とは九年の差がある（補注2）。

ヴェネツィア共和国と東地中海（レヴァント地方）との密接な関係は、はるか昔、一〇九六年の第一回十字軍に遡《さかのぼ》る。十字軍の遠征にあたっては、兵員や物資の輸送、資金調達などの分野で、ヴェネツィア、ジェノヴァ、ピサ等のイタリア都市国家が活躍し、恩賞として十字軍が樹立したイェルサレム王国内の港湾都市、アンティオキア、トリポリ、テュロス、アッコンなどに通商拠点を与えられた。やがてヴェネツィアは、航海の便宜のために、ビザンティン帝国の周縁に位置するペロポネソス半島の岬の先端やエーゲ海の島々に植民地を所有するようになる。コルフ島もその一つだった。

ヴェネツィア共和国は、一七九七年、ナポレオンの一撃であえなく一〇〇〇年の歴史の幕を閉じるが、東地中海の植民地は海上でナポレオンと戦っていたイギリスが手中に収めた。一八一五年、戦後の秩序を定めたウィーン会議でそのまま領有が認められ、一八六四年にギリシャに譲渡されるまでその状態が続いていた。ベアトはヴェネツィア系市民の血統に属するようだが、「イギリスに帰化したイタリア人」ではなく、「イギリス領となった元ヴェネツィア領民」であり、生まれながらのイギリス国籍だったわけである。

ファースト・ネームについても、イギリス国籍を取得した際、イタリア名のフェリーチェ（Felice）からイギリス名のフェリックス（Felix）に変えたものと考えられていたが、そうではなくて、後者はいわば俗称であり、正式には一貫してフェリーチェだった。なお、アンベールの『幕末日本図絵』にはフランス語で、Béatoと表記されているので、「ビヤト」や「ビートー」ではなく、「ベアト」と発音されていたものと思われる。

アントニオとフェリーチェのベアト兄弟にとって、イギリス人写真家ジェームズ・ロバートソン（ROBERTSON, James）との出会いは運命的なものだったようだ。フェリーチェは五〇年代の前半、コンスタンティノープルでオスマン・トルコ帝国造幣局主任彫版師を務めていたロバートソンのもとに赴いている。このころ、ロバートソンはベアトの姉妹、レオニルダ・マリア・マティルダと結婚しているので、かれらは義兄弟になっていた。

一八五三年、オスマン・トルコ帝国の衰退に乗じてロシアが南下を策し、これを阻止しようとするイギリス、フランスとの間にクリミア戦争が勃発した。五五年九月初め、戦争の記録のためにイギリスが派遣した報道写真家フェントン（FENTON, Roger）が病気になったことから、ロバートソンがこれに代わり、ベアトがその助手を務めることになった。かくして報道写真家としてのベアトのキャリアが始まる。翌年、ロバートソンがマルタ島経由イギリスに渡っているのは、クリミア戦争を記録した写真を政府に提出するためであったろう。イギリスで東方問題に対する関心が高まっていた時期であり、かれらが報道写真家として名声を博したことは疑いない。

インドから中国へ

一八五七年三月、ロバートソンとベアト兄弟の三名は揃ってイェルサレムに現れる。かれらはこの前後、アテネからパレスティナにかけて撮影旅行を行っていたのである。コンスタンティノープルに戻るロバートソンと別れて、ベアト兄弟が向かったのはインドであった。アントニオがカルカッタ（現在のコルカタ）のコシトラー街三十七番地にスタジオを構える一方、フェリーチェはインド大反乱（いわゆるセポイの乱）の取材に出かけ、その惨状を記録するとともに、アグラ、シムラ、ラホールなどの都市を撮影して廻った。

一八六〇年二月二十六日、フェリーチェは兄を残し、第二次アヘン戦争に揺れる中国に向かうホープ・グラント将軍の一行に合流し、カルカッタを後にした。中国に到着したベアトは北京に向かって進軍する英仏連合軍に同行、その際『絵入りロンドン・ニュース』と特派員契約を結んでいたイギリス人画家、チャールズ・ワーグマン（WIRGMAN, Charles）と知り合う。同紙一八六〇年十月六日号および二十七日号には、ベアトの写真による版画とワーグマンの絵がともに掲載されている。インドから中国へ、それは植民地インドを拠点に中国へ触手を伸ばそうとしていたイギリスの世界戦略に即したものであり、この地域の画像情報に対する需要に応じようとしたものであろう。

来日の時期をめぐって

一八六一年（文久元）五月、ワーグマンが一足先に横浜に到着、これに続いてベアトも来日し、スタジオを構えることになるのだが、その正確な日付はわかっていない。欧米人にとってローカル紙に開業広告を掲載するのは、開業のために必要な手続きの一つであり、それによって小さな店の開業の日付も判明するのだが、ちょうどこの時期、横浜の外国人居留地で発行されていた新聞が一つも発見されていないのである。

一八九一年三月二十八日付『絵入りロンドン・ニュース』のワーグマンの訃報《ふほう》記事のなかに、「まもなく彼（ワーグマン）は日本に向かい、写真家ベアト氏と提携して、一八六一年七月には同地にあって、かの水戸派のローニンによる残忍な攻撃が加えられたとき、英国公使館の同居人たちが蒙った危難を分かち合うことになった」という記述があり、第一次東禅寺事件の時、すでに日本にいたように受け取れる。この事件は、英公使オールコックがワーグマンらとともに、長崎から陸路江戸に到着したその日の夜に起きたものだが、オールコックの『大君《たいくん》の都《みやこ》』をみても、同行者のなかにベアトの名はない。さらに、最近の調査によれば、ベアトは中国からコンスタンティノープル経由で一旦帰国し、六一年十一月にはイギリスに到着しているから、同年七月に日本にいたとは考えられない。

また、ベアト自身が、一八八六年にロンドン地区写真協会で行った講演のなかで、「一八六二年に日本で撮影に従事した」と述べているが、こうした後年の陳述は、同時代史料によって裏付けられないかぎり信用できない、というのが歴史学の常識である。

ベアトが『ジャパン・ウィークリー・メイル』紙の一八七〇年二月十二日号に掲載した広告には、「六年間の滞在中」という文言がある。単純に六を引いて、六四年二月ごろの来日とも受け取れるが、六年以上七年未満という意味にとると、六三年二月から六四年二月の間に来日したことになる。細かい詮索《せんさく》になるが、同じ広告が、英国外務省文書（F. O. 345）中の文書に添付された紙名不詳の新聞の切り抜きに、六九年六月二十九日付と七〇年三月一日付の他の広告に挟まれて掲載されている。この間にベアトが出した広告が、数ヵ月間掲載され続けていたわけである。広告の初出の上限である六九年六月を基準に計算しても、やはり六三年春ごろの来日となる。

確かなものとしては、ワーグマンが一八六三年七月十三日付で『絵入りロンドン・ニュース』に送った通信のなかに、「私の家は、私のスケッチや私の仕事仲間のB氏の撮った写真（my companion Signor B's Photographs）を見にくる日本士官たちで、ごったがえしている」という記述がある。イタリア語の敬称シニョール（Signor）を冠せられていることからも、B氏がベアトを指すことは疑いない。

もう一つ傍証がある。ベアトは、一八六三年五月には、スイスの特派使節団に随行して江戸に行くのだが、使節団の記録『幕末日本図絵』には、「ベアト君は最近、インド及び中国から横浜に到着した人である」と記されている。六三年五月からみて「最近」といえば、やはり春ごろのことになるであろう。

スタジオ開設

『ジャパン・ヘラルド』紙にベアトが登場するのは、一八六四年六月二十五日号が最初である。このころベアトは、横浜に集まっていた外交官や軍人の肖像写真を多数撮影・販売しており、また商人たちの撮影依頼に応じていた。「横浜にいる人は一人残らず、この感嘆すべき、まことに芸術的な画像を手に入れる機会をのがさないように」という記者の呼びかけで、その記事は締めくくられている。

肖像写真の撮影を依頼したのはほとんど外国人だが、なかには横浜訪問中の薩摩藩士たちのような例もある（図9）。ベアトは、それを焼き増しして他の風俗写真と一緒に販売している。肖像権の侵害といえなくもないが、別な角度からみると、ベアトの風俗写真とは、有名・無名を問わず、さまざまな階層・職種の日本人の肖像写真に他ならないのである。

香港版のディレクトリー（商工名鑑）の横浜の部に、Beato and Wirgman, Artists and photographersという記載が現れるのは一八六五年版からである。この記載様式からみて、両者は商法上正規のパートナーシップ（イギリスの商法による合名会社のような共同経営の形態）を結んでいたと考えてよい。住所は居留地二十四番、ベアトとワーグマンは同じ敷地に塀ひとつ隔てて隣どうしに住んでいた。

さらにディレクトリーを見ていくと、一八六八年中に両者はパートナーシップを解消したらしい。六九年版からワーグマンはartist, editer, Japan Punchの肩書で百三十七番に移り、ベアトの方は、七〇年版からF. Beato & Co., photographersとして十七番に現れる。七二年

図9　薩摩藩の藩士たち（横浜開港資料館所蔵）

の横浜版ディレクトリーによると、ベアトの写真館には、助手のウーレット（WOOLLETT, H.）の他に、それぞれ四人ずつ、日本人の写真家と「アーティスト」がいた。後者のなかには写真に彩色を施す着色師などが含まれるのであろう。ベアトの海岸通り十七番の写真館は、明治十年（一八七七）正月二十三日、ネガから顧客までそっくり、スティルフリート＆アンデルセンに譲渡された。

（補注1）このうちの一部は長崎大学附属図書館に譲渡され、電子化コレクションのなかの「ボードイン・コレクション」として公開されている。

（補注2）その後発見された死亡証明書から、一八三二年ヴェネツィアの生まれとする説も有力視されている。死亡証明書は Terry Bennett, *History of Photography in China 1842-1860*, (Quaritch, 2009), P.241, Appendix 3, The Death of Felix Beato 参照。

精力的な撮影旅行

横浜の全景

横浜開港資料館が所蔵する故P・C・ブルーム氏のコレクションに、縦二二×横七九チセンという長大なネガ・フィルムが二枚とそれを密着で焼き付けたプリントがある（図10）。山手《やまて》から横浜の全景を撮影した六枚組のパノラマ写真の右三枚と左三枚を、おそらく原寸で複写したものである。細かな論証は「横浜写真小史」で行ったので省略するとして、この写真が撮られたのは一八六三年七月ごろであり、沖に停泊しているのは鹿児島遠征直前のイギリス艦隊である。

この写真には、「この全景は、生麦事件当時、鹿児島砲撃前の一八六三年、日本海上にあった英国海軍艦艇エンカウンター号に搭乗していたアレクサンダー・ダグラス・ダグラス中尉名のあるアルバムに収められていたものである」というメモが添えられている。エ

（横浜開港資料館所蔵）

ンカウンター号が横浜に到着したのは一八六三年四月、五月には生麦事件の償金が同号に積み込まれたが、八月六日に出航した鹿児島遠征隊には参加せず、そのまま横浜に停泊していた。

ダグラス中尉のアルバムは、現在ロンドンのジャパン・ソサエティーに収蔵されており、最近セバスチャン・ドブソン氏が調査した結果を教えてくださった。それによると、紛れもないベアトのアルバムで、一八六三年中にダグラス中尉が入手したものであるという。日本の写真を集めた現存最古のアルバムである。（補注1）

「横浜写真小史」では、この時期にこれだけの写真を撮れるカメラマンといえば、パーカーかベアトしか考えられず、写真自体からは判定できないが、「大胆に推測するならば」と断ったうえで、これこそパーカーの広告にある「新しい横浜の全景（A new Panoramic view of Yokohama）」に他ならないのではないかという推測を述べた。正直に言えば、その作品がほとんど現存しないだけに、これがパーカーの作品であってくれたほうが、幕末の横浜の写真史を記述しやすいという勝手な都合による推測であったが、見事にはずれてしま

図10　ベアトの横浜全景

った。

遊歩区域内での撮影旅行

幕末に締結された通商条約のもとでは、外国人に居住と営業の許される場所が開港場に設けられる居留地であり、その一〇里四方がパスポートなしに旅行できる遊歩区域とされた。横浜についていうと、東は六郷川、北は八王子辺、西は酒匂《さかわ》川《がわ》までである。

遊歩区域内には二つの代表的な旅行コースがあった。ベアトがワーグマンらと行った一八六四年（元治元）十一月の鎌倉旅行は、一つのコースを示している。一行が横浜を出発したのは十九日、金沢で一泊し、二十・二十一の両日を鎌倉で過ごした。江ノ島で英国陸軍第二十連隊のボールドウィン少佐とバード中尉に会ったのは二十一日の午前十一時ごろ、その日の夜七時ごろ、藤沢の宿にいたベアトらのもとに、両士官が殺害されたというニュースが届いたのであった。ベアトらは東海道を通って横浜へ戻った。

もう一つは、厚木から丹沢山中に入り、宮ヶ瀬から八王子まで北上、橋本、原町田を通って帰ってくるコースである。馬を飛ばせば日帰りもできたが、普通は宮ヶ瀬で引き返すか、ここで一泊した。ベアトの作品に遊歩区域内の写真が多いのは、行動が制限されていたからだが、そのおかげでこのエリアでは多くの貴重な映像が残されることになった。

宮ヶ瀬と飯山

ここでは、そのうちから一点だけ紹介することにしよう。ベアトのアルバムの中に'Mayonashi'と名付けられた渓谷の写真がある。最初は箱根の宮ノ下のことかと思ったが、わたしの記憶する宮ノ下の風景と合わない。別のアルバムでは同じ写真に'Megangaski'あるいは'Meyangasi'というネームが付けられているので、丹沢山中の宮ヶ瀬かもしれないと思い、A・G・S・ホースの作図になる一八六七年ごろの「横浜周辺外国人遊歩区域図」の該当箇所を見ると、'Meyonachi'と記されていた。これで決まった。

それ以来、休日にしばしば家族連れで宮ヶ瀬へ行くようになった。ベアトの写真に写っている木橋は宮ヶ瀬大橋と呼ばれる橋になっており、その下の河原は水遊びやバーベキューを楽しむ行楽客で賑わっていた。河原に立つと、まだベアトの写真とほとんど変わらない景観が保たれていた。

文献によれば、宮ヶ瀬の中津渓谷は、かつて多くの外国人が水浴びや鱒《ます》釣りを楽しんだので、「唐人河原《とうじんがわら》」と呼ばれていたという。写真に添えられているマレーの解説（後述）

も、自身の経験に基づくためか、実感がこもっている。

横浜から馬に乗って一日のうちに行ける景勝地として、宮ヶ瀬にまさる所はない。水晶のように澄んだ川が、立派な木立の間を、急流になったり、淵になったりしながら流れ、心地よい音楽のように耳を楽しませてくれる。夏に横浜の暑さと埃《ほこり》から逃れて、宮ヶ瀬の川縁《べ》りの涼しい木陰にやってくるほど楽しい気晴らしはない。商売や郵便の発送で忙しく過ごした後、冷たい深みに飛び込むほどの贅沢《ぜいたく》はない。

解説には「寺か近所の農家に宿を取ることができる」とも記されているが、その寺は明治九年（一八七六）に廃寺となった長福寺のことで、そこには宿泊者のサイン帳があり、ヘボン式ローマ字で名高い宣教医ヘボンらの名前が記されていたという。寺跡の発掘調査の結果、ワインやビールのガラス瓶、イギリス製の陶器の皿やコーヒー・カップなど、外国人行楽客が残していったと思われる洋食器が発見された。

わたしが訪れるようになったころから、宮ヶ瀬ダムの建設工事が行われていた。平成十年（一九九八）六月十日、宮ヶ瀬湖の誕生式が行われ、一帯は湖底に水没したが、湖畔では水の郷地区を中心に観光開発が行われており、水の郷資料館には、横浜開港資料館からフィルムの提供を受けたベアトの写真の複製が飾られている。親水池やデイキャンプ場も整備され、場所は変わるものの、水遊びや釣りは今後も楽しめる。

図11　飯山観音入口（横浜開港資料館所蔵）

図11には、'Bridge at Eyama on the Road to Megangaski' というタイトルが付いている。これが宮ヶ瀬へ行く途中に通りかかる飯山であることはすぐにわかった。前景の橋は相模川の支流小鮎川に架かる庫裡《くり》橋、右手の家は茶屋である。左右の家の間、大木の脇から奥へ続く小道が、画面全体に立体感を与えている。小道の奥には飯山観音長谷寺があり、また鉱泉が湧くところから行楽地として知られていた。現在も週末には長谷寺の参詣客のほか、鉱泉が自慢の旅館の利用客、白山越えのハイキングや東丹沢グリーンパークでアスレチックを楽しむ親子連れで賑わう。庫裡橋は架け替えられ、大木はもはや存在しないが、「坂東霊場第六番札所」と記された根元の石標は、今もこの写真当時のままひっそりと立っている。

マレーの解説には、イギリスの風景画家フォスターが「じっと見つめたくなるような緑の小道が見え、簡素な鄙《ひな》びた橋と全体が絵のように美しい前景がある」と記されている。欧米の研究者は、ベアトの写真に見られる絵画的な要素について、浮世絵の影響を見たがるのだが、素人の分際を弁《わきま》えずに言えば、わたしはむしろイギリスの水彩画の伝統に着目すべきではないかと思っている。

長崎への撮影旅行

外国人は、中国や日本の開港場の間ならば自由に往来することができた。横浜開港資料館には、'Photographic Views' という表題のアルバムに張られた一群の写真があり、原所有者がバミューダ島へ旅立つまでの前半の五四枚は、横浜でベアトから購入したものと考えられるが、それには随所に一八六四年の年次を含む書き込みがある。そのなかには、ベアトの長崎の写真のうちでも代表的な作品が九枚含まれている。書き込みの年次が意味するのは、おそらく撮影の時点ではなく、原所有者が写真を入手した時点、もっとも自然なのは書き込みをした時点だと思われる。そのなかには、鎌倉事件の現場の写真もあるから、下限は六四年も押し迫ったころであろう。

ではベアトはいつ長崎を訪れたのであろうか？　後述のように、一八六四年八月二十九日から十月一日までは英仏蘭米四ヵ国連合艦隊の下関砲撃に従軍しており、十一月には鎌倉に赴き、殺害されたボールドウィン少佐とバード中尉に会っているので、長崎行が可能なのは六三年末から六四年前半にかけてのことになる。横浜に来る前に長崎に寄港して撮影した可能性もあるが、「長崎の写真のうちでも代表的な作品」と書いたわけは、被写体についてのかなりの知識をもとに、撮影地点が選び抜かれているということであって、短い滞在時間にできることではない。ダグラス中尉のアルバムに長崎の写真が一枚も含まれていないことも、消極的ながら傍証となるであろう。

なお、一八六七年（慶応三）の十月ごろには、後述する日下部《くさか》金兵衛《べきんべえ》を助手として伴い、上海へ赴いている。

遊歩区域外での撮影旅行

遊歩区域外に出るにはパスポート（内地旅行免状）を申請しなければならないが、もっと簡単なのは、外交特権を持つ外交官と一緒に、その随員の名目で旅行することである。武官や日本側の護衛がつくから安全でもある。一八六三年四月に来日したスイスの特派使節団は、当初横浜のオランダ領事館に滞在していたが、必要に応じて江戸を訪れた。ベアトはこれに同行し、使節の宿舎長応寺に「小さいアトリエ」を設け、使節と行動をともにしながら江戸市中を撮影して廻った。江戸の作品の多くは、使節一行の記録であるアンベールの『幕末日本図絵』の記述と符合するので、この時に撮影されたもののようである。（補注2）

ベアトはまた、一八六七年、オランダ公使ポルスブルック一行と富士山に登った。途中、一行は原の植松家の帯笑園《たいしょうえん》で休息し、何枚かの記念写真を撮った。その一部はお礼として植松家に贈られた。これについてはベアトの記憶がどこかで混乱し、原（Harra）がいつのまにか箱根の畑（Hatta）になってしまった。小田原から箱根・富士にかけての一連の作品群にはこの折に撮影されたものが多いと思われる。

江戸綱坂

ベアトの遊歩区域外での撮影旅行の成果のうち、ここでは「薩摩屋敷」とされてきた有名な写真（図12）を、エピソードとともに紹介しておこう。

アンベールの『幕末日本図絵』のなかに、江戸を散策中のこととして、有名な次の一節

図12　江戸綱坂（横浜開港資料館所蔵）

がある。

右側には、薩摩侯の庭園が美しい影を広げていた。左手は、有馬侯の屋敷の塀になっていた。北東の角を曲がると、建物の正面に出た。その正面には樹木が平行に植わっていて、高輪と愛宕下《あたごした》の二つの地区の間を隔てて、清らかな小川がその傍を流れている。

ベアトが、この物静かな風景を写真に撮ろうとしたところ、大名の家来が二人飛び出して来て、彼に詰め寄って撮ることをやめるようにいった。メトマン君が、ご主人に聞いてきてくれ、と頼んだところ、家来たちはその通りにしたが、数分ののち戻って来て、口をそろえて「殿様は、屋敷の様子はいっさい撮影をお許しなされぬ」と叫んだ。

ベアトは恭《うやうや》しくお辞儀をして、小使たちにカメラを片づけるように命じた。家来たちは満足して引き上げて行ったが、二人が留守にしていた間に、ベアトがすかさず二枚撮ったことには、まるで気がついていなかった。

図12の写真には、'Satsuma's Palace. Yedo' と題する解説シートが付いており、また、『幕末日本図絵』には、この写真を元にした版画が収録されていて、それにも 'Palais du Prince de Satsouna, a Yédo' というタイトルが付いている。そこで、これこそ、家来が屋敷に戻っ

た数分間にベアトが撮影した写真であり、右手が芝高輪の薩摩藩下屋敷、左手が久留米藩有馬家の下屋敷と考えられてきた。『F・ベアト幕末日本写真集』でも、初版には通説どおりの解説を付けておいた。

写真集の序文には、「図版の解説は必要最小限にとどめ、被写体やそれに関連する事件についての考証、被撮影地点の現地比定等には立ち入らなかった。不正確な解説を付けるよりも、各分野・地域の専門の研究者の検討に委ねるほうが賢明だと考えたからである」などと、もっともらしい一文を添えておいたが、要するに逃げ道を用意しておいたのである。横浜以外の風景については、そのすべてについて関係史料を漏れなく調べたり、現地に赴いて写真と照合するようなことは不可能だったからである。

そう言いながら実は、神奈川県内と東京については、なるべく機会を設けて踏査《とうさ》していた。問題の写真に関しても、高輪辺を歩きながら、どうも地形が合わないということに気が付いていた。むしろ三田の慶応大学と三井倶楽部《クラブ》の両方の裏手に当たる綱坂《つなざか》が、地形としては良く合うということにまで気が付いていたのである。しかし、逃げ道を用意しておいたので安心してしまったのか、それ以上追求しなかった。

この問題を解いたのは、まさに「地域の専門の研究者」である港区立港郷土資料館の松本健氏だった。さすがにわたしとは根性が違う。関係史料を徹底的に調査した結果、この写真に写っているのが綱坂に他ならないことを立証してみせたのである。決め手となったのは、坂の上の右手に写っている辻番所であった。その位置が古地図とピッタリ一致したのである（「フェリックス・ベアト撮影『高輪・薩摩屋敷』への疑問―幕末写真の撮影地点についての一考察―」『（港区立港郷土資料館）研究紀要』四号〈一九九七年二月〉）。

その結果、右手の塀は肥前島原藩松平（深溝）家中屋敷、一段上が伊予松山藩松平（久松）家中屋敷、左手の木立の中が陸奥会津藩松平（保科）家下屋敷と訂正されねばならないことになった。現在はそれぞれ慶応義塾大学、イタリア大使館、三井倶楽部となっている。残念ながら、薩摩屋敷の写真は不明ということになってしまったのである。

どうしてこのような誤りが生じたのであろうか？　辻番所の向こうには有馬家上屋敷の築地塀がある。『幕末日本図絵』によれば、ベアトは有馬家上屋敷の前で写真を撮る前に、その塀と「薩摩侯の庭園」の間を進んでいったという。これは現在の桜田通り、「薩摩侯の庭園」は中屋敷のことである。綱坂は桜田通りと慶応義塾を挟んで反対側にある。ベアトはこの辺りのあちこちで撮影し、後でネガを整理した際、記憶かメモに誤りが生じたのではないだろうか。

従軍写真家として

特殊な撮影旅行として、クリミア戦争以来、ベアトがその本領を発揮してきた従軍がある。その一つは英仏蘭米四ヵ国連合艦隊の下関砲撃である。ベアトは通訳官アーネスト・サトウらとともに旗艦ユーリアラス号に搭乗し、一八六四年（元治元）八月二十九日に横浜を出航、十月一日に帰還している。イギリス軍が長州藩の前田砲台を占領した瞬間を捉えた写真はあまりにも有名である。

もう一つは、一八七一年（明治四）六月、シャーマン号事件の真相究明と朝鮮の開国を求めてアメリカが派遣した遠征隊への従軍である。遠征隊は江華島《こうかとう》砲台を占領したが、被害も大きく、四十余日で撤退した。朝鮮側が「辛未洋擾《しんみようじよう》」と呼ぶ事件である。これには助手のウーレットや留吉・寅吉という日本人も同行した。ところが日本人の旅券申請の労を省いたらしく、原因は不明だが、寅吉が朝鮮で死亡したこともあって、小さな外交問題となったことが『神奈川県史料』にみえている。

解説シートを添えて

やがてベアトは、こうした旅行によって収集した写真をアルバムにまとめ、解説シートを添えて販売するようになる。ジョージ・イーストマン・ハウス国際写真美術館所蔵のアルバムには、「シニョール・F・ベアト、写真による日本の風景、信頼ある筋と横浜で兵站《へいたん》将校を務めたジェームズ・ウィリアム・マレー氏の数年にわたる滞日中の個人的な観察をもとにした歴史的解説および説明つき、横浜、一八六八年、ジャパン・ガゼット事務局印刷」という記載がある。したがって、解説シートの筆者はマレー（MURRAY, James William）と考えられる。

解説シートの内容を検討してみると、おおむね一八六八（明治元）～六九年に書かれたものであることが判明する。したがって、ベアトの解説シート付アルバムは、一八六八年から六九年にかけて原型ができあがったものと考えられる。以後はこれに若干の追加が行われる程度だったようである。

資料1　ベアトの写真価格表

Japan Albums complete	$ 200
Japan half Albums	$ 100
Views of Japan	$ 2
Do. Levant	$ 2
Do. China	$ 2
Do. India	$ 2
Cartes de visite	$ 15 per doz.
Do. 2nd Dozen	$ 10
Large portrait　7×9	$ 15
Do.　10×15	$ 25

今日何冊かのアルバムが現存することによって、ベアトの作品のほぼ全容を知ることができる。その大半は幕末期に撮影されたものであり、明治に入ってからの作品としては、四年（一八七一）二月に開業した大阪造幣寮や、同年五月十七日の台風に襲われた神戸市街の惨状など、それに同年中の朝鮮遠征時の写真が知られるくらいである。

英国大使館所蔵のアルバムには定価表が添えられている。資料1はその一部である。二ドルの Views of Japan が風景写真一枚だとすると、Japan Albums complete は一〇〇枚で一冊、Japan half Albums は五〇枚で一冊と考えられる。一ダース一五ドルの Cartes de visite は、名刺判の肖像写真のことである。東地中海（Levant）や中国、インドなど、来日以前の写真も販売していたことがわかる。

ベアトの幕末期のネガは失われたか？

慶応二年十月二十日（一八六六年十一月二十六日）、未曾有《みぞう》の大火が横浜を襲った。この火災で日本人市街の三分の二と外国人居留地の五分の一が焼失、ベアトとワーグマンのスタジオも居宅も類焼した。このことは、当時の英語の新聞に掲載されている焼失区域図によって明らかであり、焼失した建物のリストにもはっきり、'24A Felix Beato's Photographic Gallery, 24B Charles Wirgman' と記されている。その際ベアトのネガも失われたと考えられているが、ほんとうだろうか？

このことを確かめるために、先述の'Photographic Views'とバロウズ氏寄贈のアルバムを照合してみた。前者に含まれる写真は一八六四年以前に撮影されたことが明らかであり、後者には解説シートが付いているので六八年以降に製作されたことが明らかである。照合の結果、同じ写真が七枚存在した。その中には六三年末か翌六四年初頭に撮影されたと考えられる長崎の写真四枚と、六四年十一月に撮影されたと考えられる鎌倉の写真二枚が含まれていた。バロウズ・アルバムには、六三年七月ごろ、スイスの使節団と一緒に江戸を散策中に撮影したと考えられる三田綱坂など、江戸の写真も含まれている。

ネガは失われたがプリントが残っていて、それを接写してネガを復元したということも考えられるが、その場合どうしても画質が落ちる。バロウズ・アルバムの写真の画質には、そのような推測を入れる余地がない。

この点に関して参考になる記録がある。一八六七年二月十二日に開かれたベンガル写真協会の例会での会長の発言によると、ベアトから日本の風景・風俗写真が送られてきたが、破壊的な火災によってアトリエが被害を受けたために発送が遅れたという。ネガが失われたとすれば、発送が遅れるのではなく不可能になったことであろう。大火の際、ワーグマンの絵は隣人の助けで焼失を免れたというが、ベアトのネガも救出されたのではないか。少なくともすべてが失われたとは考えがたい。

（補注1）アルバム末尾に'Yokuhama December 20th 1863 A.D.' 'Douglas Sub Lieutenant H.M.S.Encounter' および'No.10. F.Beato'という書き込みがある。十二月二十日はエンカウンター号が上海に向けて出航した日付である。

（補注2）詳しくは、斎藤多喜夫「使節団の江戸散策と残された江戸の写真」（横浜開港資料館編『ブレンワルドの幕末・明治ニッポン日記—知られざるスイス・日本の交流史』〈日経ＢＰ社、二〇一五年〉所収）参照。

なんでも屋ベアト

パートナーシップを解消したのち、ワーグマンとベアトはそれぞれ対照的な人生を送る。風刺精神に富むワーグマンは、幕末の「古き日本」に対しても、明治に入ってからの「新しい日本」に対しても、一定の距離をおいて眺め、それを表現することができた。日本女性と結婚して家庭を持ち、画家一筋に生きて横浜に骨を埋めることになる。

実業家への転身

ベアトの方は、「新しい日本」に対しては、あまり興味を示さなかったように見える。外国人・日本人ともに写真家が輩出するようになると、同じ土俵の上で競い合うのに嫌気がさしたのかもしれない。やがて独身の身軽さも手伝って、冒険的な商売に熱中するようになる。写真家としての日本での活動は、一八七一年くらいで終わると考えてよい。

そのころから、ベアトはいろいろな事業に手を拡げている。その一つは不動産業である。一八七〇年二月十二日付『ジャパン・ウィークリー・メイル』紙には、アルバムの売出広告と並んで、古巣の二十四番に建てた住宅と倉庫の賃貸広告と、山手に地所を取得した人々に対する注文住宅の請負広告を出している。当時の借地リストによれば、ベアトは写真館のある十七番や古巣の二十四番等、山下居留地で九六八坪、山手居留地で実に四二六六坪の借地権者であった（「明治初期居留地借地リスト」、横浜開港資料館編『図説横浜外国人居留地』〈有隣堂、一九九八年〉所収）。

海岸通り二十番にあった建物は、所有者ホーイ（HOEY）が殺されたのちベアトらの所有になり、グリーン夫人が賃借して一八七〇年にグランド・ホテルを開業した。ベアトは七三年（明治六）、他の出資者とともに建物を改築、七七年までオーナーの一人にとどまった。七三年には横浜駐在のギリシャ総領事にも就任している。

『ジャパン・パンチ』を見ると、一八六八年ごろ、ベアトは蚕種《さんしゅ》の輸出にも手を出していたらしい。また、ベアトが原告となって船会社や船長を相手取った裁判の記録を見ると、写真用のコロジオンのみならず、皮カバンやじゅうたんの輸入も手がけていた。八〇年版のディレクトリーでは肩書もMerchantになっている。

一八七七年（明治十）には西南戦争が勃発し、多額の出費を強いられた政府が紙幣を濫発したためインフレーションが起こった。横浜では洋銀相場が高騰し、内外の商人がこの相場に手を染めたが、そのなかにベアトもいた。『ジャパン・パンチ』には、七八年九月号あたりから、相場の高下に一喜一憂するベアトの絵が何枚も現れる。

ベアトの素顔

リア・ベレッタ氏が紹介しているジョーンズ＝パリー（JONES-PARRY, S. H.）というイギリス人の『世界周遊記』（*My Journey Round the World*）には、欧米系居留民の社交界とそのなかでのベアトの様子が生き生きと描かれているので、抄録しておこう。この旅行者が横浜に上陸したのは一八七九年（明治十二）のことであった（リア・ベレッタ前掲「フェリーチェ・ベアト――十九世紀日本のフォトジャーナリスト――」）。

ここで、わたしの古くからの友人シニョール・ベアトとの出会いについて語らないわけにはいかない。わたしが初めてかれに会ったのは、かれがセバストポリ〔クリミア半島〕の城壁のもとで写真を撮っていたときのことだった。それから、ラクナウ〔インド〕の流血と虐殺のさなかでかれと再会し、今また横浜の路上でかれに出会ったわけだ。

かれは横浜にスタジオを開設したが、もっと利益になる仕事ができるはずだと考えてスタジオを売り払った。ベアトは、イギリス軍人のあいだでは、ミセス・シーコール（クリミア戦争に従軍した看護婦――引用者）に次いで有名な人物だと思う。

ある商人と共同で、かれはクラブを経営している。そこはとても楽しいところで、わたしはすぐにそこの名誉会員にしてもらった。かれはわたしにすてきな人にたくさん会わせてやると約束し、そしてそのとおりに約束を守ってくれた。バーナムのあの有名な朝食会も真っ青になるほどの食事会で、わたしたち一同は何ヵ国語も話したものだ。判事、評議員、芸術家、軍人、商人、外交官たちが、英語、ウェールズ語、ドイツ語、イタリア語、ロシア語をというように。料理とワインは最高だった。この食事会では、わたしはミスター・ワーグマンとも知り合いになった。ヨーロッパでとても有名な芸術家だ。かつてわたしは『絵入りロンドン・ニュース』のかれの素描に感銘を受け、この風変わりな国を訪れたいという思いがつのったものだった。

ベアトが共同経営者の一人であったクラブというのは、横浜ユナイテッド・クラブのことに違いない。ディレクトリーをみると、ベアトは写真館を手放した直後の一八七八年（明治十一）以降、このクラブの建物のなかか、少なくとも同じ敷地内に居住していたようにみえるからである。英語が苦手だったと伝えられるベアトにとって、このようにコスモポリタンな社会は住み心地が良かったことであろう。

ベアトが被告となった事件もある。それは一八七五年十月十一日の夕食の時に起きた。ベアトによると、かれが雇っていたコックのアサダ・コースケが、ロールド・ビーフだと言って、嫌いなビーフ・ステーキを運んできたというのである。怒ったベアトは皿を投げつけ、コースケに傷を負わせた。イギリス領事法廷の下した判決は、ベアトに治療費八八銭と科料一ドルの支払いを命じるものであった。ワーグマンはさっそくこの事件を取り上げ、「大ロールド・ビーフ事件」と題する漫画を、『ジャパン・パンチ』の十二月号に載せている（図13）。

裁判になったくらいだから、そうとうな癇癪《かんしゃく》持ちだったようだが、欧米人仲間での愛想の良い顔と、日本人に対する乱暴な顔が同居しているのは、ベアトに限ったことではない。文明人を自負する当時の欧米人にとって、「未開人」である日本人に対する優越は自明の理であり、対等に付き合うようなことは思いもよらなかった。比喩的に言えば、教師が生徒に対するようなもので、従順で熱心な生徒には親身に知識や技術を伝授するが、反抗的で怠惰な生徒には当然のごとく折檻《せっかん》を加えたのである。

なお、一八八一年十月、ジェームズ・ロバートソンはコンスタンティノープルの造幣局を退職、翌年一月、ベアトの姉妹である妻マリアと三人の娘を連れて横浜を訪れた。この年、世界一周旅行の途中、日本に立ち寄ったフランス人青年ウーゴ・クラフトが、西郷従道《さいごうつぐみち》邸を訪ねた際に撮った写真に、西郷と並んでベアトとその姪《めい》、つまりロバートソンの娘たちが写っている（「ウーゴ・クラフトが撮った明治日本」『アサヒグラフ』三九一六号〈一九九

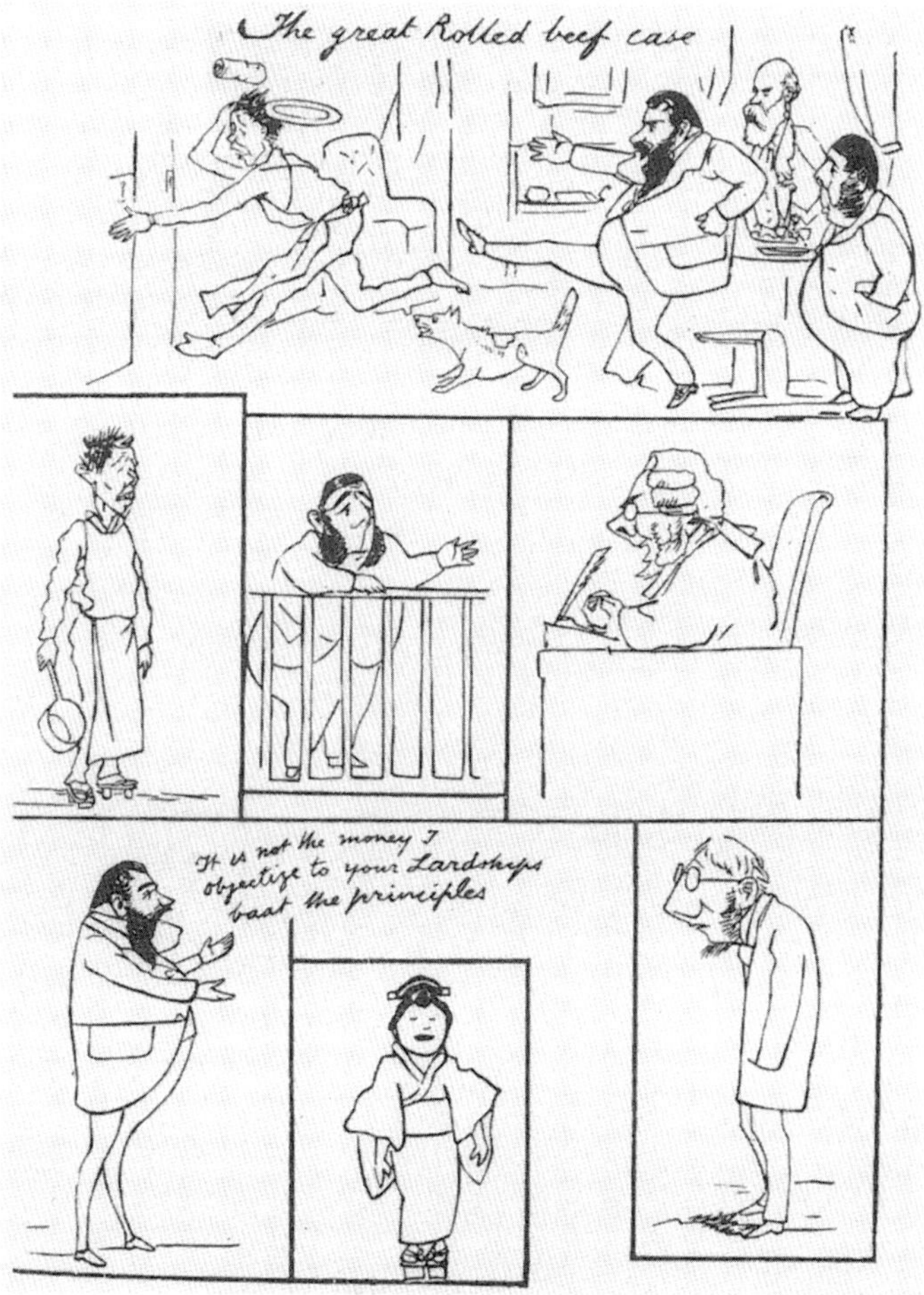

図13　大ロールド・ビーフ事件
下段中央で堂々と証言しているのは、コースケの妻ムラであろう。(『ジャパン・パンチ』1875年12月号より。横浜開港資料館所蔵)

七年五月二十三日〉所収)。ロバートソンは八八年四月十八日に死去、横浜外国人墓地八区に埋葬された。未亡人となったマリアは九二年に日本を離れている。

スーダン遠征隊に従軍

明治十四年（一八八一）、大蔵卿となった松方正義《まつかたまさよし》の手でデフレーション政策が遂行され、紙幣整理が進むとともに洋銀相場も落ち着いて、相場師たちの活躍の余地は失われていく。十七年十二月五日付『東京横浜毎日新聞』に次のような記事が出た。

挨及《(ママ)》（エジプト）人ビヤトム氏は、横浜にて銀貨相場を為す大手筋の一人にて、是迄《これまで》は随分巨利をも得、一時は四拾万円程の身代《しんだい》なりしが、先頃東京に於て米相場に手を出し、大に失敗し、嚢中《のうちゅう》一銭の貯へも無きに至りしより、漸《ようや》く知人の恵与金《けいよきん》を得て帰国したりといふ。

『ジャパン・ウィークリー・メイル』紙の船客名簿を当たってみると、十一月二十九日香港へ向かったテヘラン号の乗客のなかにベアトの名がある。

翌年十一月二十一日付『東京横浜毎日新聞』は、さらに次のように報じている。

英人ビヤト氏といへるは、夙《つと》に我国の事情に通し、横浜投機商の一人にて、充分銀貨相場を左右する程の大手筋なりしに、今春《(ママ)》失敗を取りし以来、銀貨相場沈着の為《た》め何《いず》れへか立去りたるが、氏は写真を能《よく》するを以《もっ》て、挨及《(ママ)》遠征の節、英将ウオルスレー将軍に随ひ、該地へ赴き写真を為《な》し、夫《そ》れより帰国して、今は英京倫敦《ロンドン》の相場会所に居るといふ。

エジプトを支配下におさめたイギリスの圧力がスーダンに及び始めたのに対して、ムハンマド・アフマドの率いるマフディ派の反乱が起きたのは一八八一年、八三年にはヒックス大佐の指揮する一万のエジプト軍を殲滅《せんめつ》した。かつて中国で常勝軍の指揮官として太平天国の乱の鎮圧に辣腕《らつわん》を振い、のち東スーダン総督となったイギリス人ゴードンがハルトゥームに籠城したのが八四年である。ウォースレー将軍のアフリカ遠征隊とは、ゴードン救出のためのものだったらしいが、目的を達成することなく、ゴードンは一〇ヵ月の籠城ののち戦死した。

イギリスに戻ったベアトは、一八八六年、ロンドン地区写真協会の会員を前に講演をした。そこでかれは次のようなことを語っている。

わたしは露出時間を四秒に縮める特別な現像方法を案出したが、それをいままで秘密にしていた。その方法を持っていたので、ゼラチンの感光板が普及するようになっても、卵白の感光板を用いていたのである。ゼラチンの感光板は、スーダンのゴードン将軍救出のためのイギリス遠征隊付の正規のカメラマンとして、数ヵ月前にはじめて使った。

ビルマでの晩年

一八八七年、ベアトは今度はビルマ（現在のミャンマー）に向かう。上海《シャンハイ》の新聞『ノース・チャイナ・ヘラルド』一八九三年六月三日号に引用された『ユナイテッド・サービス・マガジン』（同月号）の「最近のマンダレー」と題する記事に、ベアトの消息が記されている。

ベアト氏のことを語らなければ、マンダレーについての紹介は完全なものとならないだろう。今日のマンダレーが一八八五年にわれわれによって占領されてからずっと、かれはそこの一部だからである。そもそも、かれがイギリスによる征服の行進の一部でなかったことがあるだろうか。クリミア半島からインド、中国にいたるまで、そしてまた中国からエジプト、ビルマにいたるまで、かれはずっとそうだった。おそらくかれはまだマンダレーに留まっているだろうが、それも、また戦争でも起こって、かれがイギリス軍のあとを追っていくまでのあいだである。（リア・ベレッタ前掲「フェリーチェ・ベアト――十九世紀日本のフォトジャーナリスト――」より引用）

一八九六年には、ベアトはマンダレーで写真館を、マンダレーとラングーンで家具と骨董品《こっとうひん》を扱うF・ベアト&カンパニーを経営していた。ヴィクトリア&アルバート博物館に収蔵されている家具のカタログには、「この家具の写真は、主人であるF・ベアトが昔とったキネヅカで撮影したものである」と書かれているという。

ベアトがまたイギリス軍のあとを追って、新たな冒険に挑むことはなかったようだ。一九〇八年版の『サッカー&スピンク・インド・ディレクトリー』を最後に、ベアトの名が記録から消える。この年には七十四歳くらいになっていた勘定になる。このころ死去したと考えられるが、追悼記事や墓は発見されていない。(補注1)

（補注1）その後、ベアトの死亡証明書が発見され、イタリアのフィレンツェで一九〇九年一月二十九日に死去したことが判明した。死亡証明書については六五頁の補注2参照。巻末参考文献 *Felice Beato, A Photographer on the Eastern Road* にはベアトの伝記とともに世界各地で撮影された写真が紹介されている。

ベアトの写真の魅力

ベアトが高い評価を得ていたことを証明するために、ジョーンズ＝パリーに再び登場してもらおう。

ここでベアトのことを話すのは、おそらくはかれこそが日本の写真の父であり、当地で取り引きされているもっとも美しい原板の多くはかれが制作したものだからだ。かれは、すぐれた技術をもっていただけでなく、被写体を入念に選びぬき、それを芸術的な手法によって処理した真の芸術家だった。

広がりと奥行きのある風景写真

ベアトの作品群は風景写真（Views of Japan）と風俗写真（Manners and Customs of the people）に区分される。わたしは写真表現については素人なので、専門家の目には稚拙に映るだろうが、具体例に即して、体験談を交えながら、ベアトの作品の素晴らしさを解説してみたいと思う。

まず、もっとも代表的な作品である図14から。フランス軍が駐屯《ちゆうとん》していたので、フランス山と呼ばれる丘から外国人居留地を撮影したものである。この写真には二種類のタイトルが付いている。'Panorama of Yokohama from the Bluff' と 'Combined squadron June 1864' である。後者によって、沖合に集結しているのが下関砲撃に向かう前の英仏蘭米四ヵ国連合艦隊であることがわかる。艦隊の出撃拠点としての外国人居留地を撮影したものである。

この写真で注目されるのは、短い影が右手前に延びていることである。堀川に面した建物の手前の壁が影になっていることからもわかるように、逆光線で撮影されている。太陽は真上より西に傾いたところにある。時刻は昼下がりであろう。早朝に撮影すれば、太陽は背後の東にあり、風景の前面が照らし出される。そのほうが普通であろう。ベアトは意図的にこの時間を選んだとしか思えない。その結果、遠景が白く照らし出されることになり、画面の全体に広がりと奥行きが生じている。

日本の豊かな自然

ベアトの風景写真には、市街地よりもむしろ田園や山、海が多く、木と水が重要なモチーフとなっている。たとえば図15を見ていただきたい。これは箱根権現参道の杉並木を写したもので、青銅製の灯籠《とうろう》と杉並木を左右に、石段と鳥居を中央に配するシンメトリーの構図だが、石段の途中、木漏れ日の中に立つ二

（横浜開港資料館所蔵）

人のサムライと、左手の大木の下にうずくまる人物が画面を引き締めている。それにしても、人物と鳥居がなんと小さく見えることか。この写真の主役は、大きさのうちに悠久の時間を感じさせる杉の大木なのではないか？　人物と鳥居は引き立て役にすぎないであろう。

次に図16を見ていただきたい。これは箱根の湯本から畑宿《はたじゆく》を通り、芦ノ湖畔の箱根宿に至る旧街道の途中、倒木に腰を下ろして休む男と少女を写したもの。男は山中の湯治場へ生活物資を運ぶ強力《ごうりき》、少女は手伝いの娘だろうか？　この写真の主役は、男女と背後の大木の両者であろう。日本の自然の野性的な美しさと、そのなかで生活する日本人がテーマなのだと思う。しかもそれが、左右の木を額縁《がくぶち》的に配置し、前景に石畳、遠景に霧のかかる深い谷を配置して遠近感を強調する、理知的な画面構成のうちに捉えられている点に、ベア

図14　ベアトの横浜居留地全景

トの写真の特徴がよく示されている。

この写真と「畑宿の庭」と題された写真に誘われて、わたしも箱根旧街道を歩いたことがある。「畑宿の庭」の方はのちに「原の帯笑園《たいしょうえん》」の誤りだと判明するが、石畳の旧街道は今も一部が保存されており、あちこちでこの写真さながらの風景を見ることができる。

水が強調されている例として、図17を紹介する。横浜の山手から吉田新田を撮影したもので、ちょうどソンダースの六枚組横浜全景の六枚目、『ジャパン・ヘラルド』紙が「全体のなかでもっともすばらしいものであり、日本の風景の独特の性格を示している」と評したのと同じアングルである。前景に畑と農夫、中景に中村川と水田、そして複写では再現不能なのだが、遠景として中央に富士山が写っている。これらが左右の木立によって縁取られ、やはり理知的な画面構成になっている。水田には水が引き入れられている。田植

図15　箱根神社参道の杉並木（横浜開港資料館所蔵）

図16　箱根旧街道、畑宿付近（横浜開港資料館所蔵）

図17　横浜郊外の春の光景
山手より吉田新田を望む。(横浜開港資料館所蔵)

えのころの光景である。

ベアトがイギリス軍とともに行動したのは、大半が乾燥地帯や熱帯地方であった。それらに対する日本の風土的特徴を示すのが木と水であり、西欧との対比で言えば、野性的な点に特徴がある。それは、ベアトが自分の経験を通して摑《つか》み取った日本の風景の特色であったろう。

幕末の群像

風俗写真には、書き割りという絵をバックにスタジオで撮影されたものから、街角や撮影旅行でのスナップと思われるものまでいろいろある。その後の風俗写真の原型のほとんどすべてが見出されるといってもよい。ここではわたしの好きな写真を一枚だけ紹介する。図18は娘が茶器を持っ

図18　茶器を持つ娘（横浜開港資料館所蔵）

て立っているだけだが、バックに注目してほしい。被写体を塀に対して斜めに立たせ、シンメトリーが陥りやすい平面的で単調な印象を避けている。塀には影が差している。それによって画面に立体感が生じている。

これらの写真がわたしを引きつけるのは、被写体そのものであって、ベアトのセンスや技術は、それを引き立てているにすぎない。もちろん例外はいくらもあるが、全体的な印象としていえば、後述する下岡蓮杖《しもおかれんじょう》など日本人写真家の作品では、人物がカメラの方を向いていないことが多い。つまり撮影されているのは風俗そのものであって、人物はそれを説明するための道具にすぎない。ベアトの場合、人物はたいていカメラの方を向いている。つまり撮影されているのはあくまで人間であり、それが背負うものとして風俗・習慣が同時に写し撮られているのである。

ベアトにあっては、風俗写真は肖像写真の系列に属している。ここには、写す者と写される者との間に、緊張感と人間関係が存在する。この場合、それは西洋人と日本人との関係でもある。この緊張関係たるや、先鋭化すれば敵対関係になることもあった。西洋人が日本人のことを「未開人」と見なす一方で、西洋人こそ「夷狄《いてき》」（＝野蛮人）だと考えて、追放しなければならないと考える日本人もいた。いわゆる攘夷《じょうい》派である。かれらがベアトのカメラの前に立つことはなかった。ベアトが撮影できたのは、処刑されたのちのかれらの晒《さら》し首だけだった。

しかし、サムライ階級を含めて、多くの日本人はもっと醒《さ》めた意識をもっていたようだ。西洋人が「夷狄」であっても、その文化には学ぶべき点が多いと考えていた。写真もそのような文化の一つだった。先にも触れたが、横浜を訪れた薩摩藩の藩士たち（図9）は、ベアトのカメラに収まることが不名誉なことだとは思わなかったのである。庶民のレベルでいえば、西洋人が自分たちのことを「未開人」と見なしていることも知らなかったであろうし、西洋人のことを「夷狄」とも考えなかったであろう。もう一度図18をよく見ていただきたい。わたしの見るところでは、写されている日本人たちは、みすぼらしくとも卑屈ではない。

日本人が変わるのは、明治維新以降、西洋人から「未開人」と見なされていることを強く意識し、「未開人」でなくなろうとするようになってからである。それがすなわち「文明開化」に他ならない。一口に文明開化といっても、その内容は単純ではないのだが、ここではベアトの撮影したのが、西洋的なものにプラス、日本的なものにマイナスの価値を認めるようにはなっていない、文明開化以前の日本人、西洋人と異質だからこそ対等に向き合うことのできた日本人たちなのだということを強調しておく。かれらの映像がわたしたちに強い印象を与えるのは、そのためなのではないだろうか。

過剰なまでの木々の緑と水に囲まれ、西洋とは異なる価値観のもとに生きる人々――ベアトが記録したのは、そのような日本であった。それは日本人が「西洋の衝撃」によって自ら否定し、破壊してきた日本に他ならない。ベアトの写真がわたしたちを捉えて離さないのは、そのような日本が、すぐれたセンスと技術をもって記録されているからであろう。ベアトの写真に見られるのは、被写体と媒体との見事なポリフォニーである。

下岡蓮杖

甦る蓮杖

揺らぐ「元祖」の地位

下岡蓮杖《しもおかれんじょう》といえば、「営業写真師の祖」あるいは「関東写真元祖」として よく知られた人物であった。「関東」ととくにことわるのは、ほぼ同じ時期に長崎で上野彦馬《うえのひこま》が開業しており、これとの競合を避けるためである。

さらに、「人物であった」と過去形にする理由は、フリーマンや鵜飼玉川《うかいぎょくせん》の事跡が判明するにつれて、「元祖」としての栄誉に疑いの目が向けられ、いまやほぼ完全に否定されてしまったからである。

画家や写真家にとっては絵や写真自体が命であって、東洲斎写楽《とうしゅうさいしゃらく》の例を挙げるまでもなく、伝記的事実がほとんど不明なことも珍しくない。蓮杖の場合まったく逆で、有り余るほどの蓮杖談話を通じて人物ばかり有名になり、作品はあまり知られていなかった。写真技術も「へぼ」の定評があり、弟子の横山松三郎や鈴木真一など優秀な写真家が活躍するようになると、蓮杖に振られる役は「元祖」くらいしかなくなるわけである。蓮杖の最初の本格的な談話筆記『写真事歴』の編者、山口才一郎がその末尾を、「蓮杖の写真術に於《お》いて造詣《ぞうけい》深しといふべからず。然《しか》れども、率先して新技術を我国に誘入せし功や大也《だいなり》」と締め括ったあたりが模範解答となる。しかし、「元祖」の地位からも転落したとなると、ほとんど何も残らないことになる。(補注1)

蓮杖作品の発見・再発見

しだいに影が薄くなりつつあった蓮杖だが、再評価の動きも出てきた。二十余年前、横浜開港資料館の開館記念特別展示に続く最初の企画展示として、「下岡蓮杖と横浜写真」の展示を行った際、作品として紹介できたのは、コロタイプ印刷で書籍に掲載されたものの複写にすぎなかった。その後も手札判写真が散発的に古書店に出たり、個人所有のものが発見されたくらいだった。平成二年(一九九〇)、ワーズウィック・コレクションを『写真で見る幕末・明治』(小沢健志編、世界文化社、一九九〇年)という写真集に編集する作業に参加したが、そのなかには蓮杖の作品とおぼしきものが多数含まれていた。それらは現像・焼付などの技術の点では劣るが、暖かみのある構図と演出による絵画的な風俗写真で、同時代の他の写真家には無い味わいを持っていた。これが蓮杖の作風なのかなと思った。しかしその時は決め手が無かったので、ほぼ確実と思われるものに「下岡蓮杖か?」と注記したにとどまった。

その後、石黒敬章氏が『幕末・明治のおもしろ写真』(平凡社、一九九六年)という著作のなかで、写場の椅子や欄干《らんかん》、肘掛《ひじかけ》台や敷物などの備品の考察から「下岡蓮杖写真鑑定術」を提唱された。それによると『写真で見る幕末・明治』には蓮杖と認められる写真が五〇点も収録されているという。わたしは、平成九年正月、東京都写真美術館で開催された展示「写真渡来のころ」の図録に寄稿した「薄明の時代の写真師　下岡蓮杖」のなかで、「蓮杖の作品について正確な評価を下すためには、こうした鑑定術を発展させ、確実な作品例を増やすことから始めなければならない」と書いたのだが、平成十一年には、蓮杖の大量の手札判写真が発見され、『限定版　下岡蓮杖写真集』(新潮社、一九九九年)で公表された。少なくとも風俗写真の分野では、蓮杖の作品の全貌が見えてきたといってもよい。

蓮杖の油絵

画家としての蓮杖についても、わたしが見たのは晩年の日本画ばかりだったので、絵画史に名を残す人物とは思えなかった。この点に関しても大きな出来事があった。それは、平成三年(一九九一)秋、靖国神社遊就館《ゆうしゅうかん》の収蔵庫に眠っていた二枚の巨大な油絵が陽の目を見たことであった。『写真事歴』に次の記述がある。

閑を得て函館戦争及び台湾戦争の図をパノラマ画に描き、後年(明治九年)東京浅草に場を開きて展覧せしめたり。是《こ》れ我国(此パノラマは故ありて守田宝丹の所有となり、当時九段の遊就館に保存す）パノラマの権輿《けんよ》にして、其《そ》の図の材料は己れの知れる所及び実歴したる者の談話によりて集め、台湾戦図の如きは当時該地に出張したる岸田《きしだ》吟香《ぎんこう》の語れる所及び松崎写真師の撮影したる真図を参酌《しんしやく》して作れりとぞ。

この発見によって、蓮杖談話が「ほら」ばかりでないことが立証されたわけである。この絵は東京都写真美術館の先の展示に出品され、間近に見る機会を与えられたが、「へぼ」の汚名を返上するに足る技量と迫真性をもっていた。

こうしてみてくると、写真史の分野でも絵画史の分野でも、蓮杖の果たした役割について再評価する必要の生じていることがわかる。その前提として、やはり伝記的研究や作品の鑑定などの地道な作業も依然として必要であろう。

（補注1）当時、プリントはネガと密着させて焼いていたので、両者の大きさは同じになる。小判の手札判写真は大判写真を小型カメラで接写してネガを作り、それで焼き増しすることが多かった。したがって元写真より画質は悪くなる。蓮杖が「へボ」だと思われたのは、現存する写真の大半が手札判であり、しかも接写の仕方が雑だったからである。最近ガラス・ネガや大判写真も発見されており、「へボ」の評価は変わりつつある。

写真との出会い

資料2は知りえたかぎりでの蓮杖の談話筆記とそれに基づく略伝の一覧である。事件にもっとも近い時点の記録にもっとも高い史料価値が認められるという史料批判の鉄則どおり、最初の『写真事歴』の史料価値がもっとも高いと思われる。これらの談話筆記の史料批判については、「蓮杖談話の虚実」(『学鐙』九六巻五号〈一九九九年五月〉)という小文にまとめたことがあるので、興味のある方はお読みいただきたい。

蓮杖談話の虚実

この小文を読んでいただければ、これまでわたしが蓮杖について書いた文章が、経歴の初期の部分については、「確かなことは何もわからない」とか、「詮索するだけ無駄」などという言葉で始まるのが常だった理由がおわかりいただけるものと思う。しかし、それだ

資料２　下岡蓮杖の談話筆記一覧

A．『写真事歴』明治24年11月、山口才一郎記。写真新報発行所（明治27年７月）。Ｃにも収録されている。

B．「写真の話」『時事新報』明治30年２月７日

C．「下岡蓮杖君談話」明治32年８月２日、於上野東照宮。『旧幕府』第３巻第７号（明治32年９月）

D．「写真術研究の話　下岡蓮杖翁談」『太陽』明治34年７月号

E．「土屋道綱師直話」『玉泉寺の今昔』玉泉寺（昭和８年）。明治36年頃の蓮杖談話を記録。

F．「下岡蓮杖小伝　日記抜粋」昭和14年５月３日、高屋肖哲識。尾形奈美氏所蔵。明治36年４月20日から40年４月２日にかけての蓮杖談話を記録。未刊。

G．『横浜貿易新報』

①「不運なる文明の輸入者　写真術、石版の鼻祖」明治40年12月12日

②「下岡蓮杖翁」明治41年６月23日

③「開港側面史」（其81～99）在東京、下岡蓮杖翁談。明治41年６月25日～８月15日

④「彼理提督と握手せし老翁　写真洋画の元祖下岡蓮杖翁」明治42年５月11日

⑤「開港側面史」（其195）明治42年６月28日

＊③は『横浜開港側面史』（横浜貿易新報社、明治42年。復刻版、歴史図書社、昭和54年）、及び同書を翻刻した『横浜どんたく』（有隣堂、昭和48年）にも収録されている。⑤は収録されていない。

H．「我国写真の元祖　下岡蓮杖が事」『報知新聞』明治42年５月11、13日

I．「下岡蓮杖君横浜開港当時の実歴談」明治42年５月15日、山田武八郎速記。『史談速記録』198輯（明治42年８月）

J．「写真術の嚆矢　下岡蓮杖翁」『みつこしタイムス』（明治43年）

K．「本邦写真家列伝　下岡蓮杖翁」『写真新報』第148号（明治44年１月）

L．「写真術伝来物語－明治文明史の一挿話－」『新日本』第２巻第９号（大正元年９月）

M．「日本写真の開祖　下岡蓮杖翁略伝」『雁かね』第12号附録（大正２年１月１日）

N．近藤房南『下岡蓮杖翁懐旧談』金港堂（大正２年）（生駒翔『日米外交の実相』附録）

O．「市史稿写本　雑史料（略伝）９」横浜開港資料館所蔵。未刊。

①「写真術の開祖下岡蓮杖翁の経歴談」（原本不明。大正13年12月20日校了）

②「下岡蓮杖翁略伝」（原本不明。文中「老齢正に九十有一」とあるので大正２年のもの）

けでは共感を得られないと思うので、資料2を参照しつつ、どういう部分について「何もわからない」のか説明し、そののち、かろうじて判明する「確かなこと」を記すことにする。

異説の数々

『写真事歴』によれば、蓮杖の本姓は桜田、通称久之助、浦賀船改番所《ふなあらためばんしょ》の判問屋《はんどんや》を務める父与総右衛門の三男として、文政六年（一八二三）二月十二日（Cに転載された『写真事歴』では正月十六日）伊豆下田に生まれた。岡方村《おかがた》の土屋善助の養子となったが、十三歳のとき（天保六年〈一八三五〉ころ）画を学ぼうとして家を出、江戸で足袋屋の丁稚《でっち》をしたという。その後、天保十四年に下田砲台付足軽となり、そこでの伝手《つて》で江戸の画伯狩野董川《かのうとうせん》の門弟となって、董円《とうえん》の号を貰うことになる。

一旦浦賀砲台付の足軽を務めてから江戸に戻った後の弘化初年（一八四四年ころ）、「旗本某の家に和蘭《オランダ》渡来の銀板写真」を見る機会があったというのだが、肝心の写真との運命的な出会いに関して異説が多い。O①は「十八歳の時に某所」、Fは「嘉永三年二十八歳の時、狩野董川院先生の塾」、Hは「某大名屋敷」というようにまちまちである。「オランダ渡りの銀板写真」という点ではだいたい一致しているが、単に「写真」（I）、「写真の原板」（L）あるいは「写真絵」（G①）とするものもある。

蓮杖談話では、ここから写真術習得に向けての遍歴と外国人との接触の物語が交錯して展開されることになる。ところが談話によって個々の話の前後関係や人物の名前が入れ替わったり食い違ったりしている。このあたりがもっとも信用のおけない部分であり、「詮索するだけ無駄」といいたくなるのだが、辛抱して紹介する。『写真事歴』では弘化二年（一八四五）浦賀平根山砲台の足軽となり、翌年のビッドル提督率いる米艦隊の来航に際しては艦長の部屋に招じ入れられ、嘉永六年（一八五三）と翌安政元年のペリー艦隊の来航には居合わせなかったが、下田でロシア使節プチャーチンの用達《ようたし》となり、安政三年（一八五六）米総領事ハリスが着任するとその給仕役となって、通訳官ヒュースケンから写真術の概要を教授されたことになっている。G③とIでは、弘化三年の米艦来航に際して、艦長に「真紅色の毒酒」（実は葡萄酒）を勧められ、決死の覚悟で飲んだ話が付加されている。Fは浦賀に来航した米艦の船長「ハルリス」から耶蘇宗《やそしゅう》に入ることを条件に写真術を伝授された、というとんでもない異説を伝えている。

写真と出会った衝撃から菫川のもとを辞し、長崎からオランダまで渡ろうとして旅立った際、蓮根をかたどった杖を引いていたので蓮杖の号が生まれたという有名な話も、ビッドル来航の前に置かれているタイプの談話（A・G⑤）とペリー来航の前に挿入されているタイプ（I・L・O①）の二つの系統があり、結局「確かなことは何もわからない」ということになるのである。

『玉泉寺の今昔』(E)には、以上とまったく異なる話が収録されている。それによると蓮杖がはじめて写真を目にしたのは、安政四年(一八五七)下田に入港した外国船の上のことであり、そこでフランス婦人から説明を受けたという。さらにその一ヵ月後玉泉寺に滞在していた外国人から技術を伝授されたことになっている。同書に収録されている「寺川あさ老人の話」は、その外国人を「オンドリシカ」という名前のアメリカ人と伝えているこうした異説が存在するうえに、ヒュースケンには写真の素養がなかったと考えられる。ので、かれから写真術の初歩について伝授されたという『写真事歴』のなかの有名な話の史実性に疑問を投げ掛ける研究者は以前からいた(中村文雄「伊豆の下田をめぐる写真術渡来の一考察—とくに下岡蓮杖との関連において—」国土地理協会『現勢誌』追録三九七号〈一九七八年〉所収)。

Eでは蓮杖は苦心の末下田で写真術をマスターし、その後横浜に出て来たことになっている。弟子の鈴木真一も、下田に入港した船から上陸した外国人が写真を撮るのを見て、「初めて写真術の如何《いか》なるものであるかを知った」という話を伝えているので、下田での写真術習得の話も蓮杖自身から出ていると考えられるが、もとより信じられない。

蓮杖談話のうち、古い時期に属することがほとんどすべて不確かなのに対して、横浜に出てきたとされる万延元年（一八六〇）ごろから事実との接点をもちはじめ、時代が下るにしたがって史実の量が増えてくる。（補注1）

文久元年のパノラマ

安政六年（一八五九）六月に横浜開港、十月に江戸城本丸が炎上した。蓮杖は師董川とともに復旧工事に従事し、その報酬を懐に横浜へ出て来た。そこで米国の商人ショーヤと知り合い、その妻から手ほどきを受けて洋風のパノラマを描いた。またそこには米国の写真師ウンシンが滞在しており、「宣教師の女《むすめ》ラウダ」の手助けを受けながら写真術の習得に努めた。文久元年（一八六一）、ウンシンの帰国に際してパノラマと交換に念願の写真機を手にすることになる。LやO①によると、そのパノラマはロンドンで見世物になったという。

「宣教師の女ラウダ」はオランダ改革派教会の宣教師S・R・ブラウンの長女ジュリアのことで、一八六二年九月にイギリス領事館員ジョン・フレデリック・ラウダー（LOWDER, John Frederick）と結婚して「ラウダー夫人」となった。先述のとおり、父ブラウンはアマチュア・カメラマンであったから、ジュリアが写真についてある程度の知識を持っていたとしても不思議はない。

『写真事歴』の記すパノラマの画題は「日本の景色風俗」、大きさは「丈《たけ》十尺、幅十二尺、総《すべ》て八十六枚」、したがって総延長は三一三《メートル》となる。〇①では「巾《はば》弐間に丈け八尺の大物に日本の風景風俗を八十六枚まで油画で書いた」という。二間は一二尺に当たるから総延長は変わらず、高さだけ二尺の違いがある。この談話筆記によると、「此画は米商館の客人英人ウンシン氏が倫敦《ロンドン》で見世物にする為《た》め」のもので、その「見世物は大当り」だったという。

『横浜開港側面史』に掲載されている談話（G③）では、写真館開業後のこととなっていて、時間の順序が狂っているが、「日本三景だの、江戸では浅草の観音だの、上野だのというような名所の油絵を、横幅二間竪《たて》一丈の布に描いて、総計八十五枚を英吉利《イギリス》の倫敦へ送り、倫敦ではこれを観せ物に出して、毎日、千弗《ドル》、二千弗という収入があったそうです」と語っている。一丈は一〇尺に当たるから、枚数が一枚違うだけで、大きさは他の談話と一致する。

また、「写真術伝来物語――明治文明史の一挿話――」（L）という談話筆記ではもっと具体的に、「日本の有様を悉《ことごと》く油絵にして世界へ紹介しやうと思ひ、ボイルを樽《たる》で買ひ、ペンキを何本も買つて、甥《おい》に油を石の上で擦らせて横幅二間竪八尺の金巾《かなきん》を八十六枚重ねて置いて、大工・左官・馬方、浅草観音、富士山、何でも彼でも日本の有様を一年間懸つて書き上げて英国へやつたら、後に是《こ》れが倫敦で見世物」に出たという。

高さが二尺、枚数が一枚、談話の間で食違いがあるものの、「ほらふき蓮杖」には珍しく、このパノラマについてはしっかりした記憶があったようである。ここには確かな事実の核が存在するに違いない。また、これらの談話から、「景色」とは日本三景や江戸の浅草、上野などの名所、「風俗」とは大工・左官・馬方など、つまり職業尽くしのようなもの、全体として「日本の有様を悉く油絵にして世界へ紹介しやう」という意図に基づくものだったことがわかる。

ショイヤーと堆朱の写真機

ここで、蓮杖の写真術習得と深い関わりがあり、先述した出島松造の回顧談に出てくる「米国人ソーヨ」に該当すると思われるラファエル・ショイヤーについて触れておこう。わたしはショイヤーについてはさんざん調べたことがあり、遺言状も発見した。その結果、次のようなことが判明した。ショイヤーはボルティモアの生まれで、のちにサンフランシスコに移住している。ソロモンとヤコブの二人の兄弟、アーネスト・アシャー（Earnest Asher）とフランク・ルーベンス（Frank Reubens）の二人の子供がいた。

山手の外国人墓地にある墓碑銘によると、生まれは一八〇〇年、五九年末には来日を確認できるので、すでに六十歳に近く、初期の外国人居留民のなかでは例外的に高齢であった。ロジャースの回顧談では「横浜最初の競売屋」「ショイヤー老人（Old Schoyer）」と呼ばれている。宣教師バラの回顧談には「冒険心にあふれたアメリカのユダヤ商人」として登場するが、墓石にはユダヤ教徒の印であるダビデの星もキリスト教徒の印である十字架もない。遺言状や墓石から判断して、無宗教への改宗ユダヤ人であろう。

夫人のアンナは画家として知られ、川上冬崖《とうがい》や高橋由一《ゆいち》、下岡蓮杖に洋画の手ほどきをした。その妹は横浜で活躍した建築家ブリジェンスの夫人で、自身も建築家のジェニーと伝えられる。米公使ファルケンブルクの夫人も姉妹だというから、幕末の日本で奇《く》しくも三姉妹が顔を揃えたことになる。(補注2)

ショイヤーは来日以来トラブル続きで、争いごとを起こしやすい性格だったようだ。『横浜開港側面史』に収録されている「鈴木隣松《りんしょう》翁談」には、いつも山椒《さんしょう》の木のステッキを持ち歩き、言うことをきかないとすぐに振り上げるので、日本人からは「山椒の擂木《すりこぎ》」と呼ばれて恐れられたという逸話も伝えられている。一八六五年（慶応元）六月に発足した居留地の自治組織である参事会の初代議長に選出されているので、指導者としての資質も持ち合わせていたらしい。同年八月二十一日、参事会の席上で領事団を非難する大演説を行い、その直後会場で発作を起こして急死した。翌日の『デイリー・ジャパン・ヘラルド』紙は訃報記事の中で、「傑出した個性の持主はみんなそうだが、強力な友人と敵の両方を持つ男だった」と述べている。そうとう強烈な個性をもった人物だったようだ。

開港当初、神奈川奉行所は、横浜にやってくる内外人のために、数棟の貸長屋を建造した。来日直後のショイヤーにはその「駒形町貸長屋」が貸与された。浮世絵師五雲亭貞秀《ごうんていさだひで》の「御開港横浜大絵図二編　外国人住宅図」に描かれたその建物には、「アメリカ廿五番画ヲ能《よく》ス女　シヨヤ住家《ホイス》」と注記されている。「アメリカ廿五番」とは居留地に地番が付く前に用いられた国籍別商館番号、「画ヲ能ス女」とはアンナのことである。

ショイヤーは妙に写真と縁が深い。先の「鈴木隣松翁談」には、「横浜の写真を始めて写した人は、米国人のシヨーヤーと云ふ人です、シヨーヤーは雑貨商で種々の物を売つて居たが重《お》もに塗物《ぬりもの》を取扱つて居たと記憶します……私は文久二年にシヨーヤーの撮した横浜の写真を持つて居ますが、恐らくは之《これ》も横浜での最も古い写真の一つであらうと思ひます」という記述がある。ところが、『横浜貿易新報』明治四十一年二月二日号に「四十七年前の横浜」と題して掲載されているその写真は、現在ではベアトの作品であることが知られているので、明らかに誤りである。また宣教師バラの回顧談のなかにも、「横浜に入港した船長から写真技術を学んだショイヤー夫人」という一節がある。

「火のないところに煙は立たない」とすれば、何かショイヤーと写真を結びつける事実があるに違いない。そこで注目されるのが堆朱《ついしゅ》の写真機である。堆朱とは朱漆《しゅうるし》を塗り重ねた上に浮き彫りを施したもので、カメラの箱がこの技法で装飾されていることから、このように呼ばれている。現在、福井市立郷土歴史博物館と新潟県柏崎市のとんちん館の所蔵する二器が知られている。

福井のものについて、東京工芸大学の故宮川俊夫教授らのグループが調査した結果によると、名古屋の職人が見よう見まねで作った和製のカメラの可能性が高いという。とくに牧田屋味田孫兵衛《あじたまごべえ》という眼鏡屋は、江戸や横浜で外国人から機械・化学や写真について学んだと伝えられているので、最有力候補だという（遠藤正治「堆朱カメラの語る幕末の写真術」福井市立郷土歴史博物館、文化講演録第一輯、一九九七年）。問題は福井のものもとんちん館のものも、カメラの外箱に「メリケン弐拾五番」と墨書《ぼくしょ》されていることである。これはショイヤーの店を示す国籍別商館番号としか考えられない。ショイヤーの店にさまざまな塗物といっしょに並んで売られていたのではないだろうか。


（補注1）「古い時期」について「確かなこと」とあいかわらず「不確かなこと」については斎藤多喜夫「下田・浦賀・横浜時代の下岡蓮杖」参照。また、蓮杖の生涯に関する史料や文献は、森重和雄「幕末明治の写真師 下岡蓮杖」で網羅的に紹介されている。いずれも巻末参考文献『下岡蓮杖：日本写真の開拓者』所収。

（補注2）未亡人となったアンナが横浜でファルケンブルクと再婚したという説もある。

判明した「ウンシン」の正体

写真家蓮杖の誕生のいきさつを知るためには、ウンシンの正体を突き止めることが不可欠だが、その正体は長らく謎であった。「横浜写真小史」でも謎《なぞ》解きに挑み、「まだ確信しているわけではないのだが」とか「現在知り得る情報の範囲内で考えるかぎり」などと言い訳しつつ、ウンシンをソンダースに比定している。写真家蓮杖の誕生という日本写真史上重要な出来事に関わったのは、一流のカメラマンに違いないという前提に立つと、該当する人物としてソンダースしかいなかったのである。結果的にこの推測は誤りであったが、その前提も誤っていた。

謎解きの手がかり

その後、ショイヤーの借家をめぐる事件を調べているうちに、ジョン・ウィルソンというアメリカ人がカメラマンとしてプロシャの遣日使節団に現地雇用されたり、借地権をシヨイヤーに譲っている事実を知った。ソンダース説の弱点は、ショイヤーとの結び付きを示す史料が存在しないことだったが、ウィルソンの場合ははっきりしている。そこで、「写真の考古学」(『地方史研究』二三四号〈一九九一年十二月〉)という小文のなかで、「ウィルソンがこれ(ウンシン)に該当する可能性も出てきた」と書いておいた。

そのころ、木下直之氏(当時兵庫県立近代美術館学芸員、現在東京大学大学院人文社会系研究科助教授)から、一八六二年五月三十一日付『絵入りロンドン・ニュース』に出ているキャプテン・ウィルソンに関する記事のコピーを送ってほしいという依頼を受けた。その記事によれば、キャプテン・ウィルソンなる人物が江戸とその近郊の風景を写真に撮り、「現地の画家」がそれをもとに描いたパノラマがロンドンで展示されているというのである。やっとウンシンの正体が見えてきた。木下氏もさっそく『美術という見世物』(平凡社、一九九三年)という著作のなかで、ウィルソンをウンシンに比定する説を述べられた。氏にとってウンシンの謎解きは、そのテーマから見て付随的な事柄にすぎないかもしれないが、わたしにとっては、ソンダース説を提出した手前もあって、もっと大きな問題であり、さらに確かな史料を探し求めなければならないと思った。

『絵入りロンドン・ニュース』の記事は、ウンシンの謎解きの手がかりを与えてくれるとともに、文久元年(一八六一)のパノラマについての蓮杖談話から「確かな事実」に通ずる道を指し示してくれた。その記事によれば、日本の風景と風俗を正確に伝えるそのパノラマは、布に描かれた油絵で、総延長実に九〇〇〇フィート、これだと約二七〇〇メートルというとてつもない長さになるが、九〇〇フィートの誤植とすると約二七四メートルとなり、蓮杖の語る三〇〇メートル余と大差ない数字になる。木下氏によると、明治二十三年（一八九〇）に出現した上野パノラマ館の直径が二二メートル、したがって円周約七〇メートル、浅草の日本パノラマ館が一一六メートルだから、三〇〇メートルというのはやはりとてつもない長さなのだが、これだけ史料が揃えば「ほら」で済ますことはできないであろう。

ショイヤーの借家一件

ところで、ショイヤーの事件とは次のようなものである。先述のとおり、来日直後のショイヤーには駒形町貸長屋のうちの一棟が貸与された。ショイヤーはその後、隣接する家屋の借家権も買収し、しかも改築したらしい。フランシス・ホールの日記によれば、それは常緑樹や花で飾られた日本風の家屋で、入口はアーチに改造され、門柱にはツバキやエゾマツがあしらわれており、木々の繁る裏庭には泉が湧いていて、さながら公園のようだったという。それが「アメリカ二十五番」として知られた土地・建物である。

一八六二年（文久二）一月、幕府はこの建物の返還を求める。ショイヤーが居留地内に別に土地を保有していること、第三者に又貸して高額の家賃を取り立てていることなどがその理由であった。又貸を禁止する規則は存在しないのだが、その内容が問題だった。シヨイヤーはその家屋をさまざまな国籍の居酒屋の亭主へ又貸し、休日には各国の水夫が酩酊して、言語に絶するほどの混乱と騒ぎがみられたという。

しかし、又貸が規則違反でない以上、問題はショイヤーが居留地に別に土地を取得しながら、借家を返還しなかったことにある。ショイヤーの主張によると、問題の土地（九十七番）は、一八六〇年にジョン・ウィルソンに貸与されたものであり、それを一八六一年（文久元）十二月二十七日に洋銀一三五〇ドルで購入したもので、直接日本政府から貸与されたものではないから、規則違反に当たらないというのである。アメリカの領事フィッシャーも公使プリュインもショイヤーの主張を支持して、はげしく幕府と対立した。

ところが、一八六五年（慶応元）四月、プリュインが帰国し、ポートマンが代理公使として交替したとたんに形勢が逆転する。ポートマンは、次のような理由で、日本側の主張を全面的に支持したのである。

①ウィルソンはプロシャの使節団にカメラマンとして雇用され、江戸に滞在していた。
②ウィルソンはパスポートを申請して離日を望んでおり、借地の権利を有する「真の居住者」（bonafide resident）とは認めがたい。
③取得したはずのない土地を売却できるわけがない。

④したがって、その土地はショイヤーが日本政府から直接取得したものであり、駒形町の借家はただちに返還すべきである。

これに対して、フィッシャーは小冊子に匹敵する長大な反論を提出している。そのなかで、ウィルソンは「真の居住者」と認めがたいとするポートマンの主張に反論して、かれは横浜に戻るつもりだったのだが、ヨーロッパとアメリカで「日本のパノラマの展示」に失敗したために、まだ戻っていないと述べている。

こみいった議論なので、関心のある方には、拙稿「横浜居留地成立史の一齣―横浜在留米人ショイヤー貸家徴還一件―」（『横浜開港資料館紀要』一三号〈一九九五年〉）を読んでいただくことにして、結論を言ってしまうと、ポートマンもフィッシャーもともに間違っていた。問題の土地をウィルソンが取得したのは一八六一年八月十六日であり、同年十二月二十七日にショイヤーがそれを買収したのである。外見上はショイヤーの主張が正しいように見える。しかし、この借地権の売買がはなはだ怪しいのである。まず、その時点で九十七番地所には建物はおろか囲いもできていなかった可能性が高い。ウィルソンの「真の居住者」としての資格を疑わせるものである。ウィルソンはその土地の借地権を二六五ドルで取得したはずなのに、ショイヤーに一三五〇ドルで売却している。半年で五倍の値上がりである。

この借地権の売却とウィルソンへのパスポートの発給と、さらに言えば、評判の悪かった当時の領事ドーアの離日の日付がすべて十二月二十七日なのも不自然である。ショイヤーとウィルソンが、ことによるとドーアも一緒になって仕組んだ仮装《かそう》の土地取引、実際にはショイヤーによる土地投機の可能性が高い。少なくともポートマンに対しては、これらの事実が強い心証を与えていたように見える。そして、意外にも『写真事歴』が有力な状況証拠を提供しているのである。蓮杖の証言によって、ウィルソンがショイヤーの客人だったことが判明するからである。

この事件の特異性は、アメリカの代理公使と横浜駐在領事が真っ向から対立したことにある。アメリカの制度では、公使と領事の双方が直接国務省に文書を送るようになっていたため、文書送付合戦が展開され、短期間に異例に多くの文書が作成されることになった。その結果、ジョン・ウィルソンについてもかなり具体的なことが明らかになった。

ウィルソンの来日の日付は不明だが、一八六〇年（万延元）末にはオイレンブルクの率いるプロシャの使節団に写真家として雇用されている。『オイレンブルク日本遠征記』にはただ一ヵ所、暗殺されたヒュースケンの死の床に立ち会った人物として「写真師のウィルソン」が登場する。そうすると、慰謝料とともに遺族に贈られた「日本最初の証拠写真」とされる遺体の写真は、ウィルソンが撮影したものであろう。

ウィルソンは使節団の帰国後横浜に戻り、一八六一年（文久元）八月に九十七番地所の借地権を取得、それをショイヤーに転売するのに先だって、十二月十六日にパスポートを申請している。それによると、行先はロンドン、プロシャの使節団に写真家として雇用されたこと、江戸とその近郊の風景写真を作成することにかけては卓越した能力の持主であることを証明する文言を添えてくれるように依頼している。二十七日付で発給されたパスポートには、資料3のように記されていた。

資料3　ウィルソンのパスポート

生地	ニューヨーク州オルバニー
年齢	45歳
身長	5フィート6.5インチ
額	普通
目	青色
鼻	ギリシャ風
口	真直
顎	丸型
髪	灰色
顔色	白色
顔型	卵型

写真機を入手

ウィルソンは出国に際して、パノラマと交換に写真機を蓮杖に譲ったのである。そして、五月ごろロンドンに到着し、さっそくパノラマの展示会を開催した。フィッシャーによれば、横浜に戻るつもりだったのだが、ヨーロッパとアメリカでパノラマの展示に失敗したため戻らなかったという。すると、「毎日、千弗《ドル》、二千弗という収入があつた」という蓮杖談話は例によって「ほら」なのだろうか？　あるいはロンドンでは成功したが、他の場所では失敗したのかもしれない。事業に失敗したとすれば、結局故郷のオルバニーに帰っただろうから、ひょっとすると今もオルバニーのどこかに、蓮杖のパノラマがひっそり眠っているかもしれない。

ウンシンとジョン・ウィルソンとキャプテン・ウィルソンが同一人物であることにもはや疑問の余地はないであろう。正体が判明したといっても、まだまだ霧のかなたに霞《かす》んで見えるウィルソンだが、その霧を少し払ってくれる興味深い史料をルーク・ガートラン氏が紹介している（Luke Gartlan, 'A chronology of Baron Raimund von Stillfried-Ratenicz', *Japanese Exchange in Art 1850s–1930s*, by John Clark, Sydney, 2001）。一八六一年十一月から翌六二年二月にかけてピトキン（PITKIN, Thomas C.）という宣教師が横浜を訪れており、その際の見聞記がアメリカ議会図書館に保存されているという。そのなかに次のような記述がある。

一人の写真家の来日によって、横浜には少なからざる刺激が与えられた。かれの努力の結果、この国の美しい風景の映像がたくさん生み出された。その中には江戸の景勝地も含まれている。それらはロンドンとおそらくニューヨークでも販売されている。かれは日本を離れるにあたって、写真機材と薬品類を一人の野心的な現地人に与えた。わたしはその展示場を訪ねてみたが、努力のわりにあまり成功しているようには見えなかった。

ガートラン氏も述べているように、これがウィルソンと蓮杖に関わるものであることは明らかであろう。この記述によって、ウィルソンはロンドンでパノラマの展示を行っただけではなく、写真の販売も行ったことがわかる。（補注1）

（補注1）ウィルソンのオリジナル・プリントはその後次々と発見された。詳しくは、巻末参考文献『プロイセン・ドイツが観た幕末日本』、およびセバスティアン・ドブソン「ジョン・ウィルソン（1816-1868）～『ウンシン』と呼ばれた写真師～」（巻末参考文献『下岡蓮杖：日本写真の開拓者』所収）参照。

写真館の開業

最初の開業

ウンシンの正体が判明することによって、蓮杖《れんじょう》が写真機を入手した時点を一八六一年（文久元）末に特定することができた。再び『写真事歴』によると、写真機を入手した蓮杖は、ウンシンの元の居室で外国人を相手に撮影を行っていたが、半年程してショイヤーがその部屋を必要とする事情が生じたために戸部《とべ》に転居したという。ショイヤーは六二年中に駒形町の借家を居酒屋の亭主たちに又貸ししているので、蓮杖はそのあおりをくらって転居を余儀なくされたのであろう。

『写真事歴』によれば、蓮杖は写真機を入手したのみならず、駒形町のショイヤーの商館の中にあったウィルソンのスタジオをそのまま継承したという。「技未だ熟せずと雖も、ウンシンを知れる者来て撮影す。而して日本人は未だ一人の来て撮影するものあらず」と記されている。先のピトキンの証言はこの記述を裏付けるものである。これをもって最初の開業と認定してよいであろう。その時期は文久二年（一八六二）初頭である。

『朝日新聞』平成元年（一九八九）一月十九日号（夕刊）に、「下岡蓮杖の最古の写真発見」と題して、木村政信の肖像写真（東京都写真美術館所蔵）が紹介された。標準サイズ（約八×七チセン）のアンブロタイプである。これには「武州横浜住下岡董円於江戸写之」「文久二壬酉年五月中旬」という箱書《はこがき》が添えられている。文久二年の干支は壬酉《みずのえとり》ではなく壬《みずのえ》戌《いぬ》である。また、『写真事歴』によれば、蓮杖は慶応年間一旦下田に帰り、その際下田の「下」と養家のある岡方村の「岡」を取って姓を下岡と改めたという。開業して以降の『写真事歴』の記述はかなり信用がおけるので、「下岡」の姓を記すこの箱書が撮影当時、あるいは直後に記されたと考えるのは難しい。しかし、文久二年五月といえば、ちょうど蓮杖の最初の開業の時期に当たり、木村政信は蓮杖を狩野董川に紹介した旧知の人物と伝えられるので、客としてではなく、実験のために被写体となったとも考えられる。この推測の当否はともあれ、黎明期の写真史の資料として貴重である。

ウィルソンのスタジオを継承したものの、写真の出来映えははかばかしくなく、そのうえショイヤーの都合で立ち退きを迫られたために、最初の開業は長続きしなかった。戸部に移ってからしばらくして薬液が尽き、「研究一年余、寝食を忘れて刻苦」したという。

これが失敗すれば夜逃げをする他ないという段になってようやく撮影に成功した、というのは有名な話である。『写真事歴』には「蓮杖驚喜して手の舞ひ足の踏むを知らず」と記されている。蓮杖は野毛《のげ》で床店《とこみせ》を借りて写真業を始め、後に弁天通りに移る。(補注1)

野毛については、下田から「続々移住民が入り込んで益々賑やかになった」とか、「豆州下田より移し奉る稲荷神社」があったという記録があるので、下田出身の蓮杖が開業するにはふさわしい場所であった。蓮杖の二女ひさの回想によると、明治三十五年(一九〇二)ごろ父と野毛の故地を尋ねたとき、そこに大きな楠《くすのき》がそびえていたという。慶応年間(一八六五〜六八)の野毛の地図を見ると、通りの真中に楠があり、通りに面して髪結床《かみゆいどこ》もある。家並の裏手は畑である。蓮杖の創業時の景観も、これとあまり変わらないものであったろう。野外のスタジオは裏手の畑の一画に設けられていたに違いない。

弁天通りの写真館

前掲史料2のG③によると、弁天通りの店は師岡屋《もろおかや》の家作であったという。師岡屋とは弁天通五丁目に店を構えていた錦絵問屋師岡屋伊兵衛のことである。『横浜市史・第二巻』巻末の「横浜町商人録」によると、師岡屋は文久元年五月二十日付で小間物・荒物・乾物《かんぶつ》・絵双紙《えぞうし》の営業届を出して借地を得ている。蓮杖は写真撮影のかたわら「東都錦絵」を外国人向に販売していたというから、師岡屋が営業許可を得た「絵双紙」の枠内で、その店子《たなこ》(借家人)として店を出したのであろう。

弁天通五丁目にも下田の出身者が多かった。慶応元年（一八六五）の「横浜本町五丁目人別帳《にんべつちょう》」の弁天通りの部分を見ると、一六一人のうち三二人（約二〇％）までが下田の出身者で占められている。そのなかには蓮杖の弟子となる阿波屋船田万太夫の名も見える。「下田長屋」と呼ばれる建物もあったくらいだから、蓮杖が店を出すにはふさわしい環境であった。

ところで、写真機を手に入れてからショイヤーの家に半年、戸部で一年余辛酸《しんさん》を舐《な》めながら研究したとすると、野毛で開業したのは文久三年（一八六三）半ばごろのことになる。しかし、これではあまりに遅く、他の史料が示すところと一致しない。

『写真事歴』のなかに、「生麦の変ありし時、蓮杖恰《あたか》も弁天通に在て業を営めり、横浜市中の人民荷担して難を地方に避け、騒擾《そうじょう》云ふへからす」という一節がある。かつてはこれを文久二年八月二十一日に起きた生麦事件そのものと考え、蓮杖がウンシンの跡を襲って「半年許《ばかり》」、戸部で研究を続けること「一年余」と述べているところから、時間を遡《さかのぼ》らせて、文久元年春の開業と考えられたこともあった。しかし、生麦事件の時に住民の立ち退き騒ぎは起きていないのである。

立ち退き騒ぎの際、蓮杖はショイヤーの入れ知恵で、逃げる人から家財道具を安く買い、戻って来た時に高く売って大儲けしたという。『横浜開港側面史』でも「三日間真の闇」

として同様のことが語られている。このような事件が起きたのは、生麦事件の犯人の処罰と賠償金の支払いを求めてイギリスが最後通告を発し、横浜に軍艦を集結し始めた文久三年春のことと考えねばならない。『横浜沿革誌』文久三年三月条には、次のように記されている。

英国軍艦数艘渡来シ、去年生麦ニ於ケル加害者ヲ処刑セシメンカ、将《は》タ贖金《しょくきん》ヲ索《もと》メンカ談判ヲ申入ル、此談判発《おこ》ルヤ兵端ヲ開カンヲ怖レ、物情恟々《きょうきょう》トシテ横浜市中動揺シ、老若男女ヲ退去セシメ、家財ヲ運搬シ、家屋ヲ放棄シ、或ハ之《これ》ヲ賤売《せんばい》シ、遠近ニ難ヲ避クル者多ク、一時閉港ノ思ヒアラシメタリ、幾《いくばく》モナク平和ノ談判整ヒシト聴キ、帰港シテ営業ス、蓋《けだ》シ狼狽《ろうばい》ニ失スルヲ嘆《なげく》モアリ、又大胆ヲ誇リシモアリ。

神奈川奉行所から住民に退避命令の出たのが三月十七日、戦争回避の触書《ふれがき》が回ったのが十九日である。これが蓮杖のいう「三日間真の闇」であろう。したがって、文久三年三月には、蓮杖はすでに弁天通りで営業していたことになる。

弁天通りで営業していた時期の作品に、古写真収集家にして写真史家の森田峰子氏が公表した赤井《あかい》重遠《しげとう》の肖像写真がある。赤井は佐倉藩士で、箱書《はこがき》によると、文久壬戌《みずのえいぬ》（二年）夏、主君が横浜警備を命じられたことから横浜に赴任し、癸亥《みずのとい》（三年）孟冬《もうとう》（十月）「弁天街」の「下岡連杖《（ママ）》斎」に肖像写真を撮らせた、時に五十八歳であったという。

木村政信の肖像写真の場合と同様、この「下岡」の姓を記す箱書は、撮影当時、あるいは直後に記されたものではないであろう。しかし、文久三年十月に撮影したという記述を疑うべき理由もない。木村政信の肖像写真と並ぶ貴重な一枚である。

一躍有名に

蓮杖の弁天通りでの開業年を推測しうる史料として、『珍事五ヶ国横浜はなし』と『美那登能波奈《みなとのはな》横浜奇談』がある。「文久二年菊月」（九月）の序を持つ『横浜はなし』に蓮杖が登場するのは、初版ではなく再版の十三丁追加「市中書落の部」であり、そこに「同（弁天通）五丁目蓮杖斎と申ス画師ハ異国直伝の写真鏡油画仕候」という記述がある。これを補遺とみるか増補とみるかによって、開業年の見当の付け方が違ってくるが、どちらともわからない。再版の日付も定かでない。

『横浜奇談』には、「写真鏡という一種の奇物あり」として、「当地弁天通り五丁目に居住する桜田蓮杖といふもの、其伝を覚得、業《なりわ》ひにいたしぬるが、異人の仕方と少しも違はず、価ハ却《かえつ》て異人の方よりハよほど下直《げじき》に出来るなれバ、若《もし》右の画像などの望ミある人々ハ、彼《かの》ものへ命ぜられバ便利ならん歟《か》」とある。『横浜奇談』は文久三年の出版とされてきたが、文中、開港以後「僅五ヶ年にも満たさるに」という記述があり、開港五年目、すなわち元治元年（一八六四）六月二日の少し前に書かれたと考えたほうがよい。『横浜奇談』の本文中、実名を挙げて紹介されているのは蓮杖だけであり、このころにはすでに高名だったようだ。

そのことは、横山松三郎の入門をめぐる『写真事歴』の記述からもうかがい知ることができる。『写真事歴』は、「函館の人横山松三郎か来て蓮杖に写真術を学へるは此頃の事なり」とし、さらに松三郎は写真術習得のため「幕府の用艦健順丸か香港バタビヤに航するに際し、香港に航したるも、香港の地未た写真術を知る者なく、意を果さすして香港より帰り、蓮杖の早く既に横浜に開業せるを聞き、来て蓮杖に見《まみ》え志を告く」と述べている。

正確には香港・バタビアは中止に終わった一回目の計画の目的地であり、実際には文久三年末、上海へ渡航して出貿易が行われた。同艦の品川帰着は翌元治元年七月十日であるから、松三郎はその直前、横浜に寄港した際下船して蓮杖の門を叩いたのであろう。このころには、写真家として蓮杖の名が広く知られていたことを示す事実である。

結局確かなのは、生麦事件の解決をめぐる交渉が暗礁《あんしょう》に乗り上げ、神奈川奉行所が住民に避難命令を出した文久三年（一八六三）三月に弁天通りで営業していたこと、翌元治元年にはすでに高名であったということだけである。弁天通りでいつ開業したか、その前に野毛で開業したのがいつなのかは依然として不明だが、常識的な推測としては、やはり文久二年末か三年初めごろということになるであろう。フリーマンや鵜飼玉川の事跡が明らかとなった現在、その推測は、それによって「元祖争い」が左右されるような深刻さはなくなった。また、文久二年初頭に蓮杖が一旦開業したと認定しうることも明らかとなり、横浜最初の日本人職業写真家としての地位は揺るがない。

馬車道の写真館

『写真事歴』を読み進めていくと、下田から横浜に戻った後の慶応三年（一八六七）、太田町に家屋を建築し、その後火災に遭ったため、明治元年（一八六八）正月三日、本町に移転したという。弁天通五丁目の写真館は、慶応二年十月二十日の大火で類焼したはずだが、その後再建されたらしく、明治元年か二年ごろの『浜の真砂』という商人録には「下岡屋太郎次郎」（蓮杖の長男）、同二年の『横浜商人録』には「写真撮影　下岡蓮杖」、四年ごろの「大港光商君」という商人番付にも「写真　下岡蓮杖」の記載がある。横浜では明治四年に行政単位だった横浜町という町名が消滅し、街路名だった弁天通等が町名となり、同時に丁番号が東から西に付け替えられた。したがってこの写真館は、旧横浜町五丁目弁天通、現在の弁天通一丁目に所在していたことになる。

太田町に建築した家屋とは、廂《ひさし》の上に富士山をかたどった看板や「相影楼《そうえいろう》」「全楽堂《ぜんらくどう》」の額の掛かった角店《かどみせ》の写真で有名な馬車道《ばしゃみち》の写真館のことである（図19）。富士山の看板中に、'PHOTOGRAPHER RENJIO'S BRANCH HOUSE' の文字が読み取れるので、弁天通りの方が本店だったのであろう。所在地は太田町五丁目七十七番地、後に同郷の弟子桜田安

図19　下岡蓮杖の馬車道の写真館（『アサヒグラフ』写真百年祭記念号、1925年より。横浜開港資料館所蔵）

太郎が譲り受ける。

本町の写真館

明治元年に移転したという本町の写真館は、全盛期のものと考えられるにもかかわらず、実態が定かでない。火災によって移転したというが、弁天通りの写真館も馬車道のそれもこの時期に火災に遭った形跡は無い。慶応二年（一八六六）の大火と混同している可能性がある。『絵入りロンドン・ニュース』明治十年五月五日号に掲載されている西南戦争の出征兵士の絵と、その元になった神戸市立博物館所蔵のワーグマンのスケッチに描かれている蓮杖の写真館がこれに該当すると思われる。この絵から写真館の所在地を推定してみたことがあるが、うまくいかなかった。明治十年（一八七七）といえば、蓮杖がすでに東京へ移った後のことなので、弟子の誰かが継承しているのではないかと考え、該当しそうな弟子について調べてみたが、やはりうまくいかなかった。

疑問点はあるものの、明治初期の横浜には蓮杖の経営する写真館が三つ併存していた可能性があり、その他に牧場を経営したり乗合馬車の経営に参画したりしていたのであった（拙稿「甦る蓮杖」前掲『限定版　下岡蓮杖写真集』所収）。それも明治八年ごろまでで、その後東京へ転居するとともに、第一線から退いていく。

写真史上の蓮杖

写真史における蓮杖の事績の評価という問題について、文久元年（一八六一）のパノラマを手がかりに考えてみよう。それは日本の名所を描いた風景画と、職業尽くしのような風俗画によって、日本を世界に紹介しようとしたものであった。そのことを念頭に置いて、最近発見されたり、蓮杖の作と同定された多数の手札判写真を熟覧してみると、風景写真についてはなお材料不足だが、風俗写真は基本的に職業尽くしのテーマに沿っていることがわかる。つまり、蓮杖の写真は文久元年のパノラマの延長上にある。別な表現をすれば、日本画家として出発した蓮杖は、西洋画や写真などの西洋文化と接触することによって写実的な表現方法を身につけ、それをもって、日本の世界デビューに一役買おうとしたのである。その最初の手段がパノラマであり、次の手段が写真であった。

日本を世界に伝えるという点では、ベアトのような外国人の写真家の意図も同一であった。当時すでに世界的に高い評価を得ていたベアトと蓮杖を比較するのはおこがましいようにも思われようが、撮影意図は同一の線上にあり、比較のなかからおもしろい論点を引き出すこともできそうである。風景写真においては、蓮杖の考える日本の名所とベアトが美しいと感じる日本の風景との間にはズレがあると思われるが、風俗写真の場合、どちらも職業尽くしとしての性格をもっている。その捉え方や表現のしかたに、日本人である蓮杖と外国人であるベアトとの間にどのような違いがあるだろうか？

実例に即して考えてみよう。図20は「手鞠《てまり》つく子」として知られる作品、右端の子が手鞠をついている。露光時間が長い湿板《しっぱん》写真のことだから、鞠が写るわけがない。紐《ひも》で手に結ばれているのである。典型的な演出写真である。左の二人も当然のことながら鞠を見ており、カメラの方を向いていない。ここで写し撮られているのは、手鞠という風俗そのものであり、子供たちではないのである。写す者と写される者との間の緊張感もあまり感じられない。しかし、そのせいか、被写体にぎこちなさがなく、むしろ暖かさが感じられる。

明治二十年代（一八八七～九六）に全盛期を迎える横浜写真については、「フジヤマ・ゲ

図20　手鞠つく子（『幕末明治文化変遷史』東洋文化協会、1934年より。横浜開港資料館所蔵）

イシャといった低俗な写真であり、徹底した演出でそれらしく写すというやり方であった」「写真の買手である外国人に媚《こ》びた卑屈な撮影態度であった」などと評価されることが多かった。蓮杖にはそのような「やらせ写真」の元祖としてのマイナス・イメージも負わされていたのである。しかし、この写真を見ても、また最近発見・再発見された多くの写真を見ても、あまり嫌みを感じさせない。下岡蓮杖写真鑑定術の提唱者、石黒敬章氏も、その多くが「趣のあるいい写真」であることを認めている。

ここには日本画家としての蓮杖のセンスが生かされているということができる。しかし、それだけではない。活動期がベアトと同じく、幕末から明治初期であったこと、つまり被写体が文明開化以前の日本人であったことも大きいと思う。ベアトがそのような日本人を、被写体との緊張関係を維持しつつ、西洋画の伝統に根ざした理知的な画面構成をもってシャープに捉えたのに対して、蓮杖は被写体との間の暖かみのある雰囲気を生かし、日本画の伝統に根ざした柔らかいタッチの写真を残した。幕末・明治初期の日本人は、ベアトと蓮杖の写真のうちに、二つの異なるタイプの自画像を獲得したのである。

（補注1）初期の蓮杖については、谷昭佳「下岡蓮杖の最初期写真―在外写真コレクションを中心にして」（『東京大学史料編纂所附属画像史料解析センター通信』六七号、二〇一四年）参照。

横浜写真の盛衰

勃興の条件

「横浜写真」とは何か？

写真館の仕事の中心が肖像写真や記念写真の撮影であることは、今も昔も変わらない。しかし、幕末・明治の横浜の写真館には、それ以外のビッグ・ビジネスがあった。それは、日本の名所風景や日本人の風俗習慣を写真にとり、手彩色を施して外国人に販売することであった。横浜が製作の中心だったので「横浜写真」と呼ばれる。彩色写真には、鶏卵紙《けいらんし》焼付写真と、ガラス板に焼き付けて彩色した幻灯写真の二つの形態があった。

鶏卵紙焼付写真は、バラ売りもあったと考えられるが、多くの場合五〇枚、まれに一〇〇枚、二〇〇枚の単位でアルバムに仕立てられた。印画紙は水彩絵具で彩色されたうえ、一枚一枚厚紙に張り付けられ、豪華な表紙を付けて製本された。これらはすでにベアトが

図21　横浜写真アルバムの表紙（日下部金幣写真館製。忠臣蔵のデザイン。横浜開港資料館所蔵）

行っていたことだが、螺鈿細工《らでんざいく》を施した蒔絵《まきえ》の表紙は、今日知りうるかぎりでは、日下部《くさかべ》金兵衛《きんべえ》の製作になるものがもっとも早いようである（図21）。

ガラス板写真というのは幻灯用に作られるもので、英語では'Magic Lantern Slide'という。五〇枚単位で箱に入れて販売されることが多かったようである。解像度も高く、生地も透明で、鶏卵紙より画質はすぐれている。

横浜ではこれ以外にも、さまざまな材料に写真を焼き付けることが試みられた。鈴木真一の陶器、水野半兵衛の金蒔絵などである。これらは西洋伝来の技術である写真と、日本の伝統技術である絵付けや経師《きょうじ》・蒔絵などを結び付けた、いかにも開港場にふさわしいスーヴェニール・アートであり、陶器や漆器と並ぶ輸出用工芸品の一つであった。

世界旅行の時代

> われわれはある日本人写真師の店を訪ねた。かつて私はこれ以上精緻に彩色された風景や肖像を見たことがない。写真術に対する彼らの熟達は、決して驚くにはあたらない。この技術に要求される特質は、日本人の天性と密接につながっているといってよいからだ。すなわち忍耐、注意、きれい好きなことである。（『日本内陸紀行』岡田章雄・武田万里子訳、雄松堂出版、新異国叢書第Ⅱ輯一〇、一九八四年）

これは、明治十四年（一八八一）六月一日に来日したイギリス人旅行者アーサー・クロウ（CROW, Arthur H.）が、横浜の第一印象について述べた文章のなかの一節である。半年後の十二月十三日に来日したイギリス人女性アリス・メアリー・レイ（REA, Alice Mary）も、横浜に上陸するとさっそく写真館を訪れ、その印象を次のように書き留めている。

私達は、オーストリア人のスティルフリート男爵の店で何枚かの風俗写真を買った。かれは日本人の着色師からなるたくさんの職員を抱えており、かれらの手になる彩色はみごとな美しさである。（伊藤久子「イギリス女性の横浜見聞記―『リー夫人の世界周遊記』から―」、横浜開港資料館発行『開港のひろば』二八号〈一九八九年九月〉所収。後述するが、ここに登場する「スティルフリート男爵」とはフランツ・フォン・スティルフリートのことである）

これらの記録によって、明治十年代（一八七七〜八六）の横浜ではすでに彩色写真の製作が盛んであったこと、それが外国人旅行者の間で評判になりつつあったことを知ることができる。

十九世紀後半は、世界旅行と紀行文学の時代であった。イギリスのP&O汽船会社（Peninsular & Oriental Steam Navigation Co.）が上海・横浜間に定期航路を開いたのは一八六四年（元治元）、アメリカの太平洋郵船会社（Pacific Mail Steam Ship Co.）がサンフランシスコ・横浜間に太平洋横断航路を開設したのは一八六七年（慶応三）、一八六九年（明治二）にはアメリカの大陸横断鉄道とスエズ運河が相次いで完成している。

こうして東回り航路と西回り航路が結びつき、横浜は世界一周旅行の基地の一つとなった。ここを往来した多くの人々が「見聞記」や「滞在記」を著し、付加すべき映像資料を求めた。絵画の心得のある人は自らスケッチしたが、そうでない人は写真を買う他なかった。クロウは自らカメラを携えており、レイ夫人は自ら多くのスケッチを残しているにもかかわらず、やはり写真館を訪ね、写真を購入しているのである。

安政五年（一八五八）に締結された旧条約の規定では、外国人の居住と営業は開港場内の居留地に、旅行もその一〇里四方の遊歩区域に制限されていた。その外に出るためには「内地旅行免状」を取得しなければならず、その目的も「学術研究」と「病気保養」に限定されていた。日本の内地が外国人によって、'Unknown Interior'（知られざる内地）とか'Unbeaten Tracks'（前人未踏の地）などと意識されたのはそのためである。

もっとも明治に入り、政情が安定するとともに、外国人旅行者の数が増えるにしたがって、免状の取得手続きが簡略化されるなど、制限は緩和されるが、一般の旅行者にとって少なからず障壁となっていたことは否定できない。開港場は暗箱に取り付けられたピン・ホールのようなものだった。これにレンズを填《は》めて、遊歩区域外の内地の風景や日本人の

図22　江崎礼二による端艇競漕の写真
明治16年(1883)6月3日、現在の墨田区向島吾妻橋付近。海軍主催の水兵による競技の様子。(宮内庁書陵部所蔵)

生活の諸相を映し出してみせたものが、横浜写真にほかならない。

乾板の登場

横浜写真の勃興の技術的な条件に、乾板《かんぱん》の普及による撮影技術の向上がある。乾いても感光性を失わない乾板を製作する試みは早くからあったが、一八七一年(明治四)、イギリスのリチャード・リーチ・マドックスの考案した臭《しゅう》化《か》銀《ぎん》ゼラチン乳剤によるものが最初の成功例とされる。感光度が低かったために改良が重ねられ、工業生産された乾板が売り出されるようになるのは、一八七七年からである。感光度も高まり、二五分の一秒の露出まで可能となった。乾板のほうが持ち運びに便利で、露光時間も短いので、野外撮影に適しており、戸外でのスナップ写真も容易となった。

乾板はさっそく日本にもたらされた。明治十六年（一八八三）、東京の江崎礼二が乾板を用いて隅田川での競漕会（図22）や水雷爆破実験を撮影し、「早取写真師」の異名をとったのが、乾板時代の幕開けを告げる象徴的な出来事となった。明治二十年ごろまでには、湿板と完全に交替した。

主役の交替

明治初年の横浜の写真界で目につくことの一つは主役の交替である。パーカーの日本での足跡をたどれるのは明治元年（一八六八）まで、ベアトが写真から離れるのが五年以降、写真館を手放すのは十年、下岡蓮杖は八年ごろ東京に移住し、やはり写真から遠ざかっていく。これに替わって新しい写真家たちが登場する。その一つの流れは蓮杖の弟子たちであった。二年ごろにはすでに臼井秀三郎が開業しており、六年十一月開業の鈴木真一がこれに続く。居留地にも新しい写真家たちがやってきた。スティルフリートの開業が四年、ベアトの写真館を継承したのが十年である。これらの新しい写真家たちによって、横浜写真の勃興期が準備される。

明治十年代の中ごろ、横浜写真の製作の中心となる大手写真館の開設が相次いでいる。ベアトの助手を務めていた日下部金兵衛が独立するのは十四年までの間、十五年には玉村康三郎が東京から横浜に移る。臼井秀三郎が居留地十六番に横浜写真社（Yokohama Photographic Company）を興すのが十七年、翌年にはファルサーリ商会がベアトの写真館に淵源する日本写真社（Japan Photographic Association）を継承する。

小川同窓会編『創業紀念三十年誌』（一九一三年）によると、玉村が「始めて本邦風景写真並びに幻灯映画に著色して之《これ》を海外に輸出し、大に歓迎」されたのは、明治十四年のことだという。これを裏付けるかのように、『大日本外国貿易年表』に、「写真画（Photographs）」の輸出額が記録されるようになるのは十五年度からである。『日本全国商工人名録』に、日下部や玉村の営業種目が「写真画売込商」と記されていることからも、「写真画」が彩色写真を意味することは疑いない。

スティルフリートと日本写真社

来日までの足どり

ベアトの写真館を継承したライムント・フォン・スティルフリート（STILLFRIED, Raimund von）の氏素性《うじすじょう》もかつては定かでなく、さしたる根拠もないのに「偽貴族」などと呼ばれたこともあった。しかし、最近はヨーロッパでも、ガートラン氏をはじめ、スティルフリートのことを研究する人々が現れた（Luke Gartlan, 'A chronology of Baron Raimund von Stillfried-Ratenicz'. スティルフリートについての以下の記述はほとんどこの論考に負っている）。その調査結果によると、れっきとしたオーストリアの貴族の出身で、陸軍元師代理を務めた父の跡を継いで軍人の道をめざすが断念、一八六三年から世界各地に足跡を印している。この年すでに一旦日本の地を踏んだとする説もある。

香港版ディレクトリー（商工名鑑）には一八六五年版から六九年版にかけて、テクスター商会長崎店の社員としてR. Stillfriedの名前がみえる。ライムントがこの商社に参加したことは事実のようだが、長崎に腰を据えていたわけではなく、六五年には前年メキシコ皇帝となったマクシミリアンのもとで義勇軍に参加している。マクシミリアン帝国が崩壊したのちの六七年、一旦ウィーンに戻り、同年末ごろ再び（あるいは三度）来日した。その後上海との間を少なくとも二往復し、六八年には長崎に、六九年には横浜に、七〇年には東京にいた。どうやらウィーンでオーストリア＝ハンガリー帝国の日本遠征隊に参加しようとして失敗し、これと対立する北ドイツ連盟の北京や東京の公使館に職を得て来日を果たしたようである。

スティルフリート・ブランドの確立

『ヒョーゴ・ニュース』一八七一年（明治四）八月九日号に掲載されている小さな記事によって、ライムントが横浜で写真館を開設したのは、同年八月であることが判明した。さらにその記事によると、かれはベアトの弟子だという。ライムントは若いころから絵画を学んでいたが、写真をどこで学んだかは明らかでなかった。日本でベアトから学んだとすれば、その疑問が解けるし、両者の継承関係はビジネスの面だけではなく、技術の面でも存在したことになる。

明治四年十一月二十一日（一八七二年一月一日）には、横須賀で明治天皇を盗み撮りして物議を醸《かも》している。時の神奈川県令陸奥宗光《むつむねみつ》がネガの買収交渉に乗り出したが、その前にオーストリア領事が没収、ところがライムントの手元には別なネガが残されており、かれはそれを焼き増しして販売したのであった。先ごろイギリスのオールド・ジャパン社がその写真を入手した。『朝日新聞』平成十三年五月二十五日付夕刊で、その写真が詳しく紹介されたのは記憶に新しい。また、明治五年九月から約二ヵ月間、北海道開拓使に雇傭《こよう》され、函館・札幌・室蘭を撮影旅行したこと、その際武林盛一《たけばやしせいいち》、紺野治重《こんのはるしげ》らに写真技術を伝授したことはよく知られている。

かれが北海道で撮影した写真は、日本政府が翌年ウィーンで開催される万国博覧会に出品する予定の日本各地の写真の一部であった。ライムントはこの博覧会に茶店を出店することを計画し、一八七三年（明治六）一月十四日、二人の大工と三人の「横浜美人（Yokohama Belles）」を引き連れてウィーンへ渡った。茶店で自分の写真も販売したことは言うまでもない。さらに、かれはこの博覧会でメダル（Medal for Improvement）を獲得した。ヨーロッパでかれの名声が高まる第一歩であった。七六年四月から五月にかけては中国へ撮影旅行に出かけ、レパートリーを増やしている。

以下、スティルフリート・ブランドが確立する過程を年表風に示してみよう。

七四年十二月　金星太陽面通過観測のため日本に派遣されたオーストリア遠征隊を支援。

その功により、翌年四月、オーストリア＝ハンガリー帝国指定カメラマンに公認される。

七六年　五月　アメリカ合衆国建国百年記念フィラデルフィア博覧会に出品。好評を博する。

　　十二月　ウィーン写真協会より銀メダルを授与される。

七七年　九月　オランダで開催された国際写真博覧会で銀メダル二つと銅メダルを一つ獲得。

　　十月　イギリス写真協会の展示会に出品。好評を博する。

七八年　四月　パリ万国博覧会に出品。銀メダルを獲得。

この間、一八七五年（明治八）版のディレクトリーからスタジオ名が日本写真社（Japan Photographic Association）となり、七七年からアンデルセン（ANDERSEN, Hermann）がパートナーとなって、社名がスティルフリート＆アンデルセンとなる。この写真館はドイツ国籍で登記され、ライムント自身、翌年国籍をオーストリア＝ハンガリーからドイツに変えた記録が『神奈川県史料』にある。七七年一月十四日、スタジオが焼失、直後の二十三日にベアトの写真館を譲り受けた。翌七八年六月、ライムントはパートナーシップを解消し、日本写真社を退社、十一月には翌年四月までの半年間、大蔵省紙幣局に雇傭され、写真のほか、石版・銅版等の印刷技術を指導している。いわゆる御雇《おやとい》外国人となったのである。住所も東京神田錦町に変わっている。

混乱と帰国

パートナーシップ解消のいきさつが、当時から今日に至るまで、さまざまな混乱のもとになるのだが、その経緯もガートラン氏の研究ですっかり明らかになった。解消時の契約書によると、アンデルセンは名義料を払って「スティルフリート&アンデルセン」の名義を取得し、ライムントは一〇年間日本で写真のビジネスを行わないことになっていた。つまりアンデルセンがスティルフリート・ブランドの独占使用権を一〇年間取得したわけである。

しかし、ライムントの紙幣局での技術指導は不調に終わり、半年で解雇されてしまった。一八七九年五月、かれは東京の自宅で写真館を開こうとして広告を出すが、即座にアンデルセンから契約違反の廉《かど》で訴えられてしまう。七月十五日、ドイツ領事法廷は写真館の閉鎖を命じている。

同年十月二十五日、ライムントの兄フランツ（Franz）が来日、十一月十七日に横浜居留地八十番で「スティルフリート男爵スタジオ（Baron Stillfried's）」という写真館を開設する旨の広告を出した。パートナーシップ解消時の契約によって、日本での写真営業を禁止されたライムントが、兄の名義に隠れて営業を再開しようとしたことは明らかであろう。

さっそくアンデルセンは、日本の写真をライムントがフランツに譲渡したことが契約違反に当たるとして告訴する。

翌一八八〇年（明治十三）一月には、スティルフリート&アンデルセン宛の印画紙が、スティルフリート男爵スタジオに誤送され、後者が誤ってその一部を使用してしまったことを盾にとって、アンデルセンがフランツを窃盗《せっとう》の罪で告訴する。ここまでくるともう泥《どろ》仕合《じあい》である。アンデルセンは多くの裁判で公証人を務めており、その法律知識を駆使してスティルフリート・ブランドを独占し、収益を得ていたわけであり、「嫌なヤツ」という印象は免れない。

結局、ライムントは五月十二日、スティルフリート男爵スタジオともスティルフリート&アンデルセンとも無関係という広告を出さざるを得なかった。そして翌一八八一年五月四日、横浜を発ち、香港やバンコクで営業しつつ帰国した。短時日のうちに、世界で通用するスティルフリート・ブランドを確立してしまったことが、かえってかれにとっては不幸な結果をもたらしたのかもしれない。帰国後、ライムントはウィーンで宮廷画家を務めたという。

他方、スティルフリート男爵スタジオとスティルフリート&アンデルセンとの間の泥仕合は、一八八三年にフランツが後者の経営権を取得することで終息したようである。フランツは八五年にそれをファルサーリに譲渡して日本を去った。

ベアトとスティルフリート

前項で縷々《るる》述べたように、「スティルフリート」というのはブランド名であって、その実態は実に複雑である。日本写真社やスティルフリート&アンデルセンの名で販売されたアルバムには、ライムントのほかに社員のアンデルセンやダグラス（DOUGLAS, John）などの作品が含まれている可能性がある。（補注1）スティルフリート男爵スタジオはこれと対立していたのだが、フランツの経歴から見てその創始になるというよりも、ライムントの事業を引き継いだものであり、第三者からはそれもスティルフリート・ブランドと同一視されたに違いない。しかし、今日「スティルフリート」の名で知られる写真には、やはり共通の作風があり、それを生み出したのはライムントであったろう。

また、スティルフリート・ブランドの写真のうちには、ベアトからネガを継承したものも含まれる。そのため、かつてはスティルフリートのアルバムがベアトのものと間違えられることが多かった。コレクターの間では、ベアトのオリジナル・プリントとスティルフリートによるリプリントの見分け方が議論されている。ベアトは基本的には風景写真に彩色を施さなかったが、スティルフリートは躊躇《ちゅうちょ》なく彩色した。また、ネガに整理番号を記入した。それに、当然のことながら、スティルフリートによるリプリントには傷みや汚れが見られる。

それにしても、スティルフリートの作品は、ベアトの亜流のように見えてしまう面があり、女性のセミヌード写真以外には独自性がないかのように思われた時期もあった。しかし、最近欧米の研究者やコレクターの間で、両者の作風の違いが議論されるようになった。たとえば、テリー・ベネット氏が紹介しているアメリカのコレクター、ヘンリー・ロジン（ROSIN, Henry）氏は、両者の作風の違いの前提に時代の移り変わりを、すなわち被写体自体の変化を見ている。ベアトが写したのは「封建時代」の日本であった。しかし、日本社会の急激な「近代化」によって、スティルフリートが写そうとした時にはその対象がすでに存在しなかった。そのために「俳優」を使って撮影しなければならなかったのであると。

おもしろい着眼点だが、単純化の嫌いはある。二本差しやハラキリを除けば、明治時代になっても江戸時代とほとんど変わらない風俗・習慣が残っていた。チョンマゲすらそう簡単には無くならなかった。しかし、その社会的存在形態が変化したのである。わかりやすい例で示そう。全身刺青《いれずみ》で彩られた肉体労働者の裸身は、ベアトにとって格好の被写体だった。ところが、横浜では早くも明治元年（一八六八）に、全国的にも六年には裸体禁止令が公布されている。現実は変わっていないのに、白昼闊歩《かっぽ》していたものが日陰の存在になり、それを撮影するためには、実際の肉体労働者ではなくモデルを被写体とし、場所も戸外からスタジオに移さなければならなくなった。自然でなくなる分、演出が過剰となったのである。ロジン氏の提出した問題は、ベアトや蓮杖《れんじょう》と後の横浜写真の違いとともに、中間項としてのスティルフリートの写真史上の位置を考えるうえで興味深いものだと思う。

風俗写真に比して、風景写真の分野でのスティルフリートの独自性については、ほとんど考慮されてこなかった。この点でわたしの考えが変わったのは、平成四年（一九九二）にデュッセルドルフ近郊にすむハラルド・オール氏から横浜開港資料館に寄贈されたアルバムを見て以降のことである。そこには理知的な画面構成の鮮明な風景写真が多数収録されていた。しかし、スティルフリートのオリジナル作品の収集はなお不十分であり、テリー・ベネット氏の言うとおり、過小評価されている嫌いがある。スティルフリート・ブランドの実態解明とともに、少なくともライムント・フォン・スティルフリートの写真史上の評価は今後高まっていくのではないか。

（補注1）このような込み入った事情については、巻末参考文献「シュティルフリート写真館小史」参照。

蓮杖の弟子たち

臼井秀三郎と横浜写真社

幕末の横浜には下田からの移住者が多かった。下田は日米和親条約によって開港場に指定され、小さいながらも開国後の日本が世界に開いた窓の一つとなり、新時代の風が吹く港として脚光を浴びるかと思われた矢先、安政元年（一八五四）大津波の被害に遭い、立ち直りかけた時には、日米修好通商条約の締結により、国際貿易港の地位を横浜に持っていかれてしまったからである。そのため有意の人材の多くが横浜に流出することになった。下岡蓮杖《しもおかれんじょう》もその一人であった。

『写真事歴』は蓮杖の弟子として、横山松三郎・臼井秀三郎《うすいしゅうざぶろう》・桜田安太郎・初代鈴木真一・二代真一・江崎礼二・四身清七・桜井初太郎・平田玄章・西山礼助といった名前を挙げている。このうち二番目から四番目までが下田の出身者である。

前田福太郎著『日本写真師始祖下岡蓮杖』（新伊豆社、一九六六年）によると、二番弟子として名の挙げられている臼井は、蓮杖が下田に帰郷した慶応年間（一八六五〜六八）に入門したという。また、梅本貞雄著『日本写真界の物故功労者顕彰録』（日本写真社、一九五二年）には、「下岡蓮杖の先妻美津女の弟で蓮杖に写真術を学び、慶応年間、横浜太田町に写場を開いた」とあるが、それらの事実は確認できない。慶応年間の開業というのは、どうみても早すぎる。わたしは「横浜写真小史」で明治十年（一八七七）ごろの開業と推定したのだが、どうもその前に一度開業していたようである。

石黒敬章氏は、明治二年（一八六九）六月十七日撮影の裏面に「横浜臼井蓮節」の印のある徳川家達《いえさと》の写真を所蔵している（前掲『限定版　下岡蓮杖写真集』）。「蓮節」とは師の蓮杖から蓮の一字をもらった号であろう。また、「水野半兵衛君之略伝」（出典不明）という史料に、水野が明治二年に「臼井某」から写真術を学んだという記述がある。明治二年に臼井という名前の写真家が何人もいるわけはない。少なくとも明治二年には臼井蓮節の名ですでに開業していたと考えられる。

臼井は明治九年（一八七六）十二月から四ヵ月程、ジョン・ダグラスに「写真技術伝習」を受け、十一年版のディレクトリーに広告を出している。ダグラスはその後、日本写真社の社員となる。また、日本写真社のデーヴィッド・ウェルシュ（WELSH, David）は十二年頃から臼井の代理人を兼ねるようになった。そして十七年、こともあろうに日本写真社の隣の居留地十六番に横浜写真社（Yokohama Photographic Company）を興すのだが、その写真技師は他ならぬ臼井であった。その後二年程、二つの写真館が軒を並べることになる。

臼井は蓮杖からの技術習得だけでは満足せず、ダグラスから最新技術を学ぶとともに、ダグラスを通じて知り合ったウェルシュと手を組んで横浜写真社を興し、日本写真社に競争を挑んだという構図が浮かび上がってくるのである。日本人写真家が、外国人と太刀打ちできるまでに技術を向上させてきたことを示す事例として興味深い。

明治十四年の『横浜商人録』に掲載されている臼井の広告には、「東京。西京。大坂。神戸。日光。箱根等ノ名所ノ写真ヲ貯へ合本ニシテ差上候」「代価之儀ハ他店ヨリ殆《ほとん》ド半額ノ廉価ニ差上申候」とある。安いからといって、一流の写真家だったわけではない。『横浜毎日新聞』明治十二年十月二十四日号に、「兼《かね》て評判高かりし臼井科三（ママ）郎か写影せられしクラント氏（アメリカ第一八代大統領。この年来日—引用者）の写真一葉を弊社へも恵送せられしが、実に其手際ハ見事なり」という記事が出ている。横浜開港資料館が入手したアルバムを見ても、しっかりした技術とセンスの持主だったことがわかる。（補注1）

鈴木真一

『写真事歴』で四番目に名の挙げられている初代真一《しんいち》は、天保六年（一八三五）四月、伊豆国加茂郡岩科《いわしな》村字岩地《いわち》で、高橋文左衛門の三男として生まれた。幼名は勇次郎、安政元年（一八五四）下田の鈴木与七の婿養子となったが、この年下田を襲った大津波で財産を失ってしまう。かくして横浜への移住者の群れに身を投じることになったのである。同郷のよしみから、慶応二年（一八六六）下岡蓮杖の門を叩き、写真の修業に励んだ。明治六年（一八七三）十一月一日晴れて独立、弁天通六丁目百十二番地に自分の店を開いた。この年真一と改名するとともに、同じく蓮杖門下の後輩岡本圭三を婿養子としている。のちの二代真一である。

開業後の真一は、内外人の肖像写真の撮影、日本の名所・風俗の彩色写真の販売のほか、陶磁器への写真焼付に成功して新機軸を打ち出した。ちなみに生家の高橋家に自身の肖像と履歴を焼き付けた骨壺が伝来しており、この原稿もそれを伝記資料として用いている。明治十七年には、真砂町一丁目一番地に洋風二階建の写真館を新築して移転した。

鈴木真一の作品として、明治二十年に竣工する横浜創設水道の事業の顚末《てんまつ》を記録した写真帳がある。また、横浜開港資料館に保存されている「明治初期ニ於ケル横浜及其附近」という写真帳も、状況からみて真一の作品であり、神奈川県庁あたりの委嘱によるものと思われる。こうしたことから、当時一流の写真家として評価されていたことがわかる。

二代真一となる岡本圭三は安政六年（一八五九）上州勢多《せた》郡の生まれ、慶応三年に来浜して蓮杖に弟子入りした。明治八年（一八七五）に独立してまず名古屋で開業、十二年に店を宮下欽に譲って渡米し、修整術を学んで帰国した後の十四年、おそらく真一が圭三のために用意したと思われる東京九段坂の支店を預かることになった。真一は横浜で、圭三は東京で活躍することになったのである。その後宮内庁御用掛を勤め、二十二年には技術を買われて英照皇太后・皇后の肖像写真を撮影した。この年二代真一を襲名、初代は真と改名した。このころが二代真一の全盛期であった。

初代は明治二十五年（一八九二）に隠居し、横浜の家督は二男伊三郎に譲った。横浜の写真館は伊三郎の手で少なくとも四十一年まで経営されていたことが確認される。他方二代真一は、日清戦争後というから三十年前後のことであろう、海運業に手を出して失敗し、財産を失ってしまう。二代は明治四十五年（一九一二）五十三歳で、初代は大正八年（一九一九）八十三歳で没した。(補注2)

（補注1）臼井秀三郎については、小山騰『ケンブリッジ大学秘蔵明治古写真　マーケーザ号の日本旅行』（平凡社、二〇〇五年）参照。

（補注2）鈴木真一については、日本カメラ財団ホームページ「幕末明治の写真師列伝」第三〇～三五回、森重和雄「鈴木真一」参照。

輸出用工芸品として

横浜写真アルバムの製作には、写真家のみならず、着色師・経師《きょうじ》・蒔絵師《まきえし》・螺鈿細工師《らでんざいくし》らの手が加えられていた。したがって、当時の大手写真館は、スタジオのほかに、かなりの規模の工房を付属させていた。資料4は、明治二十四年（一八九一）ごろのファルサーリ商会の陣容である。横浜写真の製作に従事した大手写真館の工房の内部構成がわかる資料として興味深い。過半が着色師であることが目につく。横浜写真は、写真という舶来技術と絵付などの伝統技術が組み合わされて成り立っていたのである。

貿易統計から

資料5は『大日本外国貿易年表』によって、「写真画」の輸出額の推移をみたものである。大ざっぱにいえば、明治十年代後半は漸増、二十年代に入って増加の速度が増し、二

資料4　明治24年(1891)頃のファルサーリ商会の陣容

［営業種目］Photographer, Painter & Land Surveyor

地位・職種		人数	陣　容
(Proprietor)	［社主］	1	A. Farsari
Manager	［支配人］	1	T. Tonokura（殿倉常太郎）
Clerk	［庶務］	1	J. A. Kilgour
Operator	［写真師］	5	T. Watanabe（渡辺徳之助）
			Assistant : S. Uemura
			3 Assistants
Printer	［焼付師］	3	T. Takahashi
			2 Assistants
Compositor	［筆工］	1	S. Owaki
Bookbinder	［製本師］	1	T. Misumi
Painter	［着色師］	19	S. Subuki（鈴木正作か）
			16 Assistants
			2 Boys
Carpenter	［大工］	1	R. Eda
	合計	33	

［典拠］ *The Japan Directory*, 1891.

［注］［　］及び（　）は筆者の補入

（元価：円…円未満４捨５入）

長崎	内国商 直輸出	おもな輸出先
—	53	オランダ(680)・イギリス(335)・中国(220)
20	47	中国(330)・イギリス(267)・フランス(245)
516	609	中国(920)・イギリス(106)・アメリカ(81)
30	101	中国(462)・アメリカ(319)・イギリス(280)
56	302	中国(570)・イギリス(310)・ドイツ(242)
80	402	アメリカ(876)・中国(695)・イギリス(315)
143	515	中国(1,050)・イギリス(365)・アメリカ(195)
62	164	イギリス(898)・ドイツ(514)・香港(498)
250	925	イギリス(1,815)・香港(1,030)・アメリカ(605)
160	824	イギリス(1,506)・香港(965)・アメリカ(953)
1	167	イギリス(2,072)・香港(1,908)・アメリカ(920)
46	895	イギリス(1,494)・アメリカ(1,327)・香港(950)
129	825	イギリス(991)・香港(792)・アメリカ(611)
65	1,015	イギリス(1,051)・オーストラリア(891)・英領インド(689)
114	1,054	アメリカ(20,434)・イギリス(1,028)・カナダ(583)
158	10,808	アメリカ(10,284)・イギリス(1,167)・英領インド(924)
358	3,040	英領インド(1,416)・アメリカ(1,376)・香港(906)
811	15,801	アメリカ(16,929)・イギリス(1,536)・中国(1,455)
145	2,104	アメリカ(1,494)・イギリス(1,331)・中国(1,197)
217	—	中国(4,198)・香港(1,572)・アメリカ(1,201)

資料5　写真画の輸出

	総計	横浜	神戸
明治15年	1,458	1,410	48
16	1,053	971	30
17	1,228	611	92
18	1,203	1,029	116
19	1,438	1,163	183
20	2,481	2,331	—
21	1,783	1,435	205
22	2,758	2,598	98
23	4,865	4,615	—
24	4,822	4,485	177
25	6,366	6,346	19
26	5,610	5,540	24
27	4,632	4,150	354
28	4,793	4,583	142
29	24,923	24,077	693
30	14,681	14,093	430
31	6,636	5,148	1,120
32	22,713	20,242	1,660
33	6,934	5,188	1,552
34	9,302	4,436	4,598

［典拠］『大日本外国貿易年表』

十五年に一旦ピークを迎える。漸減ののち二十九年に急増し、以後増減を繰り返しながら、長期的には減少傾向をたどっている。二十年代から三十年代初頭を横浜写真の全盛期とみなす指標の一つである。

それにしても、二十九年（一八九六）の急増ぶりは異常である。輸出額二万四九二三円は、この年の平均外国為替相場一〇〇円＝五二ドル七五セントで換算すると約一万三一四七ドル、すべてが彩色写真だったと仮定すると、一枚二〇セントとして六万五七三四枚、無彩色とすると一五セントで八万七六四七枚に相当する。この点に関連して、『毎日新聞』明治二十九年七月十九日号に、注目すべき記事が出ている。

横浜市弁天通り一丁目玉村写真店は、予《かね》て米国ボストン府の商人シレット氏より、本邦の名勝及風俗人物等の写真百万枚の注文を受け居りたるが、爾来《じらい》臨時に職工百五人を増加し、此程《このほど》大小四万枚第一回の輸出を為《な》したり、一ケ月凡《およ》そ十八万枚出来の見込なりと。(補注1)

一〇〇万枚という数字はあまりにも大きすぎて信じがたいが、アメリカ向け輸出額が六三六円から二万四三四円に急増していることからも、二十九年度の急激な増加をもたらした要因は、玉村写真店によるアメリカからの大量の受注であったと考えられる。(補注2)前掲『創業紀念三十年誌』には、玉村康三郎について、「殊《こと》にその業を以《もつ》て海外に発展せん事を力《つと》め、或は店員を海西に派し、或は自ら屢々《しばしば》海を渡りて、斯業の国外発展の策を講ず」と記されている。この大量受注はそのような努力が報われた結果であろう。

輸出港別にみると、横浜が圧倒的に多く、平均して九〇％程度、二十五年度などは一〇〇％に近い。ただし、これらには東京で製作された分も含まれると思われる。年によっては神戸や長崎からも相当量が輸出されている。三十四年度に神戸が横浜を上回っているのが目を引く。

日本人商人が外国商社を通さずに輸出した額を示す「内国商直輸出高」は年によって増減が著しいが、平均して二〇％程度である。逆に八〇％程は外国商社の手で輸出されてい

資料6　横浜写真の価格

①日下部金兵衛（［典拠］*The Japan Directory*, 1883）

Coloured, 8 by 10 inches	per dozen	¥ 3.50

②日下部金兵衛（［典拠］*The Japan Directory*, 1892）

A Choice of 2,000 Views and Costumes, 8 inches by 10 inches	per dozen	$ 2.00
Coloured Photographs 17 inches by 22 inches	each	$ 2.00
Beautifully Coloured Magic Lantern Slide	per dozen	$ 6.00

③日下部金兵衛（［典拠］「カラースライド・カタログ―料金表」、『市民グラフ・ヨコハマ』64号〈1988〉P. 63）

10×8 Colored Photographs	Each	$ 0.20
〃 Uncolored 〃	〃	$ 0.15
〃 Colored 〃	Per Dozen	$ 2.00
〃 Uncolored 〃	〃 〃	$ 1.50
13 3/4×10 3/4 inches Lacq'd Cover Album with 50 photos		$ 15.00
〃 〃 〃 〃 〃 〃 100 〃		$ 20.00
15 1/2×12 1/2 〃 〃 〃 〃 〃 50 〃		$ 20.00
〃 〃 〃 〃 〃 〃 100 〃		$ 31.00
22×17 Colored Photographs	Each	$ 2.00
〃 〃 〃	Per Dozen	$ 22.00
〃 Uncolored 〃	〃 〃	$ 1.20
〃 〃 〃	〃 〃	$ 13.00
Beautifully Colored Magic Lantern Slides	Per Dozen	$ 6.00
Uncolored 〃 〃 〃	〃 〃	$ 3.00
32×24 Composite Photographs	Each	$ 3.00
Beautifully Colored Silk Fans	〃	$ 0.50
〃 〃 〃 〃	Per Dozen	$ 5.00

④鈴木真一（［典拠］*The Japan Directory*, 1893）

Cards		$ 2.00
Cabinets		$ 4.00
8×10 Cards	Per Dozen	$ 10.00

⑤鈴木真一（[典拠]『横浜貿易捷径』明治26年〈1893〉）

小形	1組	¥ 0.65
中形	1組	¥ 1.35
大形	1組	¥ 4.00

⑥鈴木真一（[典拠] *The Japan Directory*, 1898）

Cartes des Visites	Per doz.	$ 2.00
Cabinets	Per doz.	$ 4.00
8×10 Cards	Per doz.	$11.00

たことになる。その実態は不明だが、少なくとも横浜のファルサーリ商会や美術商クーン・コモル商会などはそのうちに含まれるであろう。直輸出に携わった内国商の実態もよくわからないが、玉村写真店がそのうちに含まれることは明らかである。

輸出先についてみると、初期は中国、中期はイギリス、後期はアメリカが多い。ただし、二十一年度以前の統計には中国のうちに香港が含まれている。統計上香港が分離される二十二年度以降、中国が激減することから考えると、初期の中国向けの八〇％近くは香港向けだったと推測される。その多くはイギリスに再輸出されたことであろう。イギリスからも、かなりの量が他のヨーロッパ諸国に再輸出されたものと思われる。二十八年ごろから英領インドや中国への輸出が伸びていることも注目される。横浜写真の販売対象は、その最盛期には、欧米のみならず、世界大の広がりをもっていたのである。

横浜写真の価格

資料6は、横浜写真の価格を調べたものである。③の日下部《くさかべ》金兵衛《きんべえ》の料金表がもっとも詳しい。日付を欠くが、明治二十五年（一八九二）の②と一致するので、ほぼこのころのものと推定される。ただし、Beautifully Colored Silk Fans が絹にコロタイプ印刷で写真をプリントし、彩色したものだとすると、コロタイプ印刷の普及時期から考えて、明治三十年代まで下るかもしれない。もっとも一般的な一〇×八インチの彩色写真（10×8 Colored Photographs）が一枚二〇セント、二十五年の平均外国為替相場一〇〇円＝六九ドル八四セントで換算すると、約二九銭に相当する。当時日本酒一升の値段が一五銭くらいだから、きわめて高価だったことがわかる。

蒔絵の表紙を付した五〇枚組のアルバム（Lacq'd Cover Album with 50 photos）には大小二種類あり、大きいもの（15.5×12.5 inches）が二〇ドル（約二九円）、写真の値段が二〇セントの五〇倍で一〇ドルとすると、半分は蒔絵の表紙の値段と製本等の手間賃だったことになる。もっとも高価な一〇〇枚組だと三一ドル（約四四円）、幻灯板ガラス写真（Beautifully Colored Magic Lantern Slides）は一ダースで六ドル（約八円六〇銭）であった。巡査の初任給が月八円の時代である。幻灯板ガラス写真一ダースは一月分、一〇〇枚組アルバムだと半年分の給料に匹敵する。よほどの円安ドル高だったのであろう。日本人には手が届かなくても、外国人相手の商売として成り立っていたのである。

明治十六年（一八八三）の①と二十五年の②を比較すると、彩色写真（一〇×八インチ）一ダースの価格は、三ドル五〇セントから二ドルに値下がりしており、この間に生産量が増大したことを推測させる。

④・⑤・⑥は肖像写真の撮影料金を示すものであろう。明治二十六年の⑤にみえる「小形一組」は、手札判三枚の値段と思われるが、それが六五銭というのもやはり高い。庶民には一生のうち何度も写真を写す機会はなかったものと思われる。

（補注1）文中「シレット氏」はミレットの誤り。

（補注2）これはブリンクリー編『日本』に貼付するための写真だったことが判明した。巻末参考文献 *Photography in Japan 1853-1912*, P.202 参照。

日下部金兵衛

キンベイさんはどこ

全盛期の横浜写真を担った写真家として、ベアトの助手から出発した日下《くさか》部金兵衛《べきんべえ》、スティルフリート経由ベアトの写真館を継承したファルサーリ、東京から進出し、商業的にはもっとも成功を収めた玉村康三郎の三名を紹介しよう。

海外では'RENJO', 'KIMBEI'と並び称される日下部金兵衛だが、顧客が外国人だったこともあって、すっかり忘れられていた。昭和三十五年（一九六〇）六月号の『広報よこはま』（一三六号）に「キンベイさんはどこ」という次のような記事が出ている。

英国マンチェスター市のデイビスさんから市へ手紙がきました。それによると最近手に入れた本に、とても美しい日本の風景のカラー写真が掲載され、表紙裏には横浜市本町通七番、写真師Kキンベイとインクスタンプがおしてありました。四十年以上昔のように思えるキンベイさんか家族についての消息を知りたがっています。お心当りの方は市民課までどうぞお知らせください。

少し注を付けると、「最近手に入れた本」というのは金兵衛のアルバムそのもの、「カラー写真」とは手彩色写真のことだと思われる。

これに対して、金兵衛の孫に当たる小川恵清さんが市役所を訪れ、金兵衛の略歴とともに、昭和七年（一九三二）四月十九日、九十二歳で芦屋市在住の孫内田たまさん宅で死去した事実を語ったことが、次号の『広報よこはま』（同年七月）に「キンベイさんさがしに感謝」という記事となって掲載された。

それでもなお鳴りをひそめていた金兵衛だが、昭和六十年（一九八五）にいたって朝日新聞社大阪支局の記者が内田宅を訪れ、「読者所蔵の『古い写真』」シリーズの一環として、たまさんに取材した結果を、金兵衛の遺品とともに紹介した「明治の写真師・日下部金兵衛」という記事が、六月一日付の大阪版に掲載された。「写真史上もっと掘り起こしておく必要のある人です」という、わたしのちょっとしたコメントも収録されている懐かしい記事である。

昭和六十三年六月には、横浜市市民局が発行している『市民グラフ・ヨコハマ』（六四号）が、「明治を写した日下部金兵衛―清新な『横浜写真』の世界―」という特集を組んだ。これには岡部昌幸氏が「日下部金兵衛の生涯と清新な世界」と題する論考とともに、略年譜を寄稿している。二年後の平成二年（一九九〇）には、横浜開港資料館が『彩色アルバム・明治の日本』（前掲）を刊行したが、これには金兵衛の手彩色写真が約二〇〇点、すべてカラー写真で収録されている。

なぜ金兵衛の遺族と遺品が芦屋に存在するかというと、大正十二年（一九二三）九月一日の関東大震災によって、引退生活を送る金兵衛とその家族が大きな被害を受けたからであった。孫娘たまさんの夫内田路多さんは神戸近郊へ移住し、神戸の外国商社で働くようになっていた。その元に身を寄せたのである。内田路多さんはドイツ系の日本人で、ドイツ名をオットー・フランク・ルターという。ファミリー・ヒストリーによると、ドイツの宗教改革者マルティン・ルターの子孫だという。

平成七年（一九九五）正月十七日、今度は金兵衛の遺品を守りながら芦屋で生活していた金兵衛の子孫たちを阪神淡路大震災が襲った。住宅は被害を受けたが遺品は無事だった。しかし、この年、二度の大震災を体験したたまさんが百六歳で死去した。三年後には長男のヘンリー茂さんも死去、たまさんから金兵衛ファミリーの語り部の役を引き継いだ次女のフリーダ富美子サンジオさんも高齢となった。そこで、フリーダさんは、金兵衛の遺品を、曾祖父が活躍した横浜で永久に保存したいと考え、すべて横浜開港資料館に寄贈されたのであった。開港資料館では、寄贈された遺品と同館が所蔵する金兵衛の作品を合わせ、平成十三年四月から七月にかけて、「明治のハイカラ写真館―日下部金兵衛とその世界―」という企画展示を開催した。

金兵衛の生涯

饒舌なほど自分の履歴を語った蓮杖《れんじょう》とは対照的に、金兵衛は自分の履歴に関しては寡黙《かもく》であった。関東大震災で関係資料を失ったこともあるかもしれないが、その経歴について判明するのは、以下のようなことだけである。

フリーダさんが語るファミリー・ヒストリーによると、金兵衛は天保十二年（一八四一）甲府の商家の生まれ、生家は松屋という乾物屋で、名字帯刀を許される家柄だったという。その金兵衛が写真家として大成するきっかけは、開港直後の横浜に出てきて、ベアトの助手となったことである。最初は写真の彩色に従事したらしい。『続通信全覧』（船艦門・海外航）に収録されている「英国商人ビアト雇小使上海行免許一件」は、ベアトが慶応三年（一八六七）十月ごろ上海へ赴いた時のものだが、同行した「小使」として米吉と金兵衛の名が記されており、後者が助手時代の日下部金兵衛にほかならない。

梅本貞雄編『日本写真界の物故功労者顕彰録』（前掲）には、「帰朝後明治二十年代写真店金幣《きんぺい》写真館を開業、絹団扇《うちわ》・コロタイプ印刷・風景写真帳・幻灯画の海外輸出に当り、其名《そのな》世界諸国に謳《うた》はれた」とあるが、二十年代の開業というのは遅すぎる。明治十四年（一八八一）の『横浜商人録』の「写真商之部」に「弁天通二丁目三十六　日下部金之助」の記載がある。同じ住所の金兵衛の商標が残されているので、「金之助」は「金兵衛」の誤りと考えられるが、これが資料上の初出である。おそらく、明治十年にベアトが写真館を手放したのち、この年までの間に開業したものであろう。「金幣（KIMBEI）」は商号である。スティルフリートのもとでも働いていたと考える人もいる。ベアトの助手だったウーレットが、経営権がスティルフリートに移ったのちも同じ写真館で働いていた例から推し量ると、そう考えても不自然ではない。(補注1)

金兵衛は明治二十三年（一八九〇）ごろ、町会所（時期により横浜貿易商組合会館・横浜会館ともいう）の右隣り、目抜き通りに面する本町一丁目七番地に移転する。ちょうどこのころ、横浜写真は全盛期を迎えていた。KIMBEIの商号が欧米諸国で喧伝《けんでん》されるのもこのころからである。その後、日ノ出町二十番地、東京市芝区新銭座九番地に支店、銀座七丁目に金城商会を設けた。三十年には横浜商業会議所議員に選ばれている。三十七年にはセントルイス万国博覧会に写真工芸品を出品した。

明治三十九年（一九〇六）十二月には、隣の横浜会館から出火した火災で類焼したが、早くも六月には洋風二階建に小さな塔をもつ洒落《しゃれ》た写真館を再建している。横浜写真業組合の設立に尽力し、四十三年の創立時には副組長となって、横浜写真業界のリーダーとして活躍した金兵衛だが、大正三年（一九一四）に引退した。金兵衛は現役時代から乾板や国産写真機の製造に意欲をもっており、その夢を絶ちがたかったのか、大正五年に国産写真機開発のため、金幣商会工場を設立するが失敗に終わっている。

金兵衛の晩年

金兵衛には長男がいたが、写真館を継ぐ意志がなく、娘マツの婿小川佐七に期待を寄せていたようである。佐七はおそらく金幣写真館で修業したのち、明治二十九年ごろ、境町一丁目で独立している。四十年十月、弁天通二丁目二十五番地に合資会社小川写真店を設立するが約一年で解散、単独経営に戻る。太田町一丁目十三番地の印記のあるアルバムも存在するので、ここに所在していた時期もあるようである。

小川写真館の印記のあるアルバムの内容は、金幣アルバムとほとんど変わらない。また、金兵衛の遺品に含まれる小川写真館の封筒には、アルバム・幻灯板・絹団扇写真の販売など、金幣写真館と同様の営業内容が記されているし、金兵衛のプライベート・アルバムに含まれる小川写真館の外観や内部の写真には、それらの商品が陳列されている様子が写されている。それは金幣写真館の分館、あるいは支店のような存在だったようだ。佐七が金兵衛の事業を継承する予定だったのであろう。ところが佐七は四十二年（一九〇九）七月、金兵衛に先だって他界してしまった。その結果、残念ながら金兵衛の事業は断絶してしまったわけである。内田たまさんは佐七の娘である。

晩年の金兵衛は、趣味の日本画を描きながら余生を過ごした。フリーダさんから横浜開港資料館に寄贈された遺品のなかには、屏風《びょうぶ》や軸に仕立てられた日本画が何点か含まれている。それは洋風の日本画ともいうべきもので、彩色や製本によって和風に仕立てられた舶来の写真と好一対をなしている。また、それらは金兵衛のスタジオ写真のバックの書《かき》割《わり》（背景画）とよく似ている。おそらく金兵衛自身が書割を描いていたのであろう。フリーダさんがたまさんから聞いたところによると、写真館の屋根裏には書割を巻いたものがたくさん置いてあり、それをスタジオに垂らすのは妻のなおの仕事だったという。

金兵衛はまた謡曲を嗜《たしな》む趣味人でもあった。日本の伝統的な文化や技術を舶来の洋風文化と巧みに組み合わせるところに、明治時代の文化の特色があり、それが単なる「西洋かぶれ」と異なる「ハイカラ」の意味だったのではないか。ヨーロッパ系アジア人（Euro-Asian）の曾孫《ひまご》たちに囲まれながら、端然と座す和服姿の金兵衛を写した晩年の写真をみると、ベアトの助手から始まって、和洋両様の文化のなかを生きてきた明治のハイカラ文化人としての相貌《そうぼう》がよく伝わってくる。

金兵衛は明治十八年（一八八五）、横浜海岸教会で洗礼を受けたクリスチャンだった。

葬儀は昭和七年（一九三二）四月、芦屋の教会で行われたが、京浜地区在住の親族の手で海岸教会でも行われた。

　自分の経歴については寡黙な金兵衛だが、その作品は豊富に残されている。それを形態によって分けると、紙・ガラス・布の三種類になる。

金兵衛の作品

紙とはいうまでもなく、紙焼き写真のことであり、アルバムに仕立てられて販売されることが多かった。先述のとおり、螺鈿細工《らでんざいく》を施した蒔絵《まきえ》の表紙のアルバムは、今日知りうるかぎりでは、日下部金兵衛の製作になるものがもっとも早いようである。世に「金幣アルバム」と呼ばれるものである。ガラスとは幻灯版のことであり、この分野でも金兵衛は第一人者だったらしく、多くの作品が現存する。布というのは絹地に写真をコロタイプ印刷し、彩色したもので、それを団扇やテーブル・クロスに仕立てたものが現存する。この分野は金兵衛の独壇場だった。

　横浜写真を製作していた大手写真館では、各種のネガを取り揃えておき、顧客は見本帳から好みに応じて五〇枚程度まとめて注文し、アルバムに仕立ててもらったり、幻灯板一箱分にまとめてもらったようである。金兵衛が明治二十五年版の『ジャパン・ディレクトリー』に掲載した広告によると、二〇〇〇枚の種板《たねいた》を所有していたという。金兵衛が他の同時代の写真家と異なる点は、その作品の多くが現存するというだけではなく、カタログ

資料7　金幣写真館のカタログの概要

項　目	原　題	カタログ番号	点数
風俗・習慣	Costumes	1～ 406	406
養蚕	Feeding Silk Worm	S1～S10	10
横浜	Yokohama	501～ 586	86
東京	Tokio	601～ 733	133
日光	Nikko	751～ 797	47
伊香保・足尾・富士山	Ikao, Ashio & Fujiyama	850～ 925	76
宮ノ下・箱根	Miyanoshita & Hakone	950～ 987	38
江ノ島・鎌倉・熱海・御嶽	Yenoshima, Kamakura, Atami & Mitake	1001～1066	66
中山道	Nakasendo	1101～1169	69
神戸・大阪・琵琶湖・奈良	Kobe, Osaka, Biwa Lake & Nara	1201～1280	80
京都・宮島・松島	Kioto, Miyajima & Matsushima	1301～1397	97
長崎	Nagasaki	1398～1450	53
日光（新シリーズ）	Nikko (New Series)	1551～1639	89
濃尾大地震	Earthquake View	E1～E24	24
合　計			1,274

が存在することである。それによって、作品の全貌を知ることができる。筆者が所有するコピーには落丁があり、完全なものではないが、資料7にその概要をまとめてみた。（補注2）横浜の部はネガ番号五〇一から五八七まで、計八七点からなる。わたしの調べたところでは、横浜開港資料館にはその八六％にあたる七五点が収蔵されている。『彩色アルバム・明治の日本』に収められた横浜の写真一二七点のうち、四割弱にあたる四七点までが金兵衛の作品であった。

金兵衛の風景写真の魅力は、遠近法を利かせながらバランスを失わない画面構成にあると思う。広やかな眺望が得られる一方で、主題となる建物や点景人物が画面を引き締めている。ここでは、カタログ番号五〇七番の写真を紹介しよう（図23）。カタログでは Snow Scene, Yokohama と記されているが、写真には TOWN HALL MEIN《ママ》 STREET YOKOHAMA の文字が入っている。

TOWN HALL とは写真左手の時計塔のある建物、当初は町会所、のちには横浜貿易商組合会館あるいは横浜会館と呼ばれた建物のことで、商人の組合の事務所や集会所として利用されていた（現在はここに横浜市開港記念会館が建っている）。明治七年（一八七四）、アメリカ人建築家ブリジェンスの設計で建てられ、本町通りのランドマークとなっていた。その向こう側の隣に金幣写真館があった。

図23　本町通りの雪景色（横浜開港資料館所蔵）

道路左側の柱は三相交流の電灯線用、右側は電信線用である。横浜共同電灯会社が送電を開始するのは明治二十三年十月だから、この写真はそれ以降に撮影されたものと思われる。右端の建物は明治十九年（一八八六）に煉瓦造に改築された電信局だが、この時期には横浜市役所として使用されていたはずである。

このあたりは官庁街と商店街の境目をなしていた。横浜会館と金幣写真館の間がその境にあたる。商店街ではなお職と住が一致していた。冬のある日、金兵衛が目覚めてみると、小雪が舞っていた。表では雪化粧の官庁街に、道行く人の下駄の音だけが響いている。金兵衛はさっそくカメラを持ち出して撮影に取りかかる。向こう向きとこちら向きの、傘を差した二人の人物が、程良いアクセントとなって画面を引き締めているが、これは助手を立たせたのかもしれない。

『彩色アルバム・明治の日本』を編集した際、同じ撮影地点の写真が複数ある場合には、出来映えの良いものを一つ選ぶ方針で臨んだが、そうしてみると、金兵衛とファルサーリの同じような写真が残ることが多かった。両者の一騎打ちではたいてい金兵衛が勝ち残った。もちろん技術的には甲乙付けがたい両者である。決め手となったのはいつも点景人物だった。それが画面全体に柔らかさや暖かみを与えており、対照的にファルサーリの写真はどこか冷たく見えてしまうのである。端正ななかにもどこか暖かみのある作風が金兵衛の人気の秘密であろう。

風俗習慣の部はネガ番号一から四〇六まで。横浜開港資料館には、そのうち確かなもので一〇六点（二六％）、推測を加えると一五四点（三八％）が収蔵されている。

金兵衛が写した明治の人々

これらを撮影条件から分類すると、三つのタイプに分かれる。一つは、街角で拾ったスナップ写真といった性格のもので、もちろん多少の演出や誇張はあるにしても、当時の人々の実際の生活の様を伝えるものであり、歴史資料としての価値も高い。二つ目はスタジオでの演出写真であり、今日の目からは俗悪に見えるが、当時の外国人には興味深かったものらしい。三つめは両者の中間のようなもので、「お座敷写真」ともいうべきもの。その大半は芸者をモデルとし、歌舞音曲を主題としたものである。被写体自身が人前で芸を披露するのを職業とする芸者であることもあって、自然な動きの感じられる傑作が多い。

風俗写真は「職業尽くし」と「美人もの」に大別できる。前者は、都市では店先や行商・職人など、農村では野良仕事や養蚕《ようさん》・製茶の作業風景など。僧侶や神官・巫女《みこ》・行者・巡礼など、信仰に関係するもの、人力車夫や駕籠《かご》かき・馬子《まご》・船頭など運送に関係するものも、職業尽くしのヴァリエーションとみることができよう。このタイプにも演出写真が含まれるけれども、やはり野外でのいわば「実景写真」に、金兵衛ならではの味わい

図24　大工（部分。横浜開港資料館所蔵）

図25　琴と三味線
左は金兵衛とも親交のあった写真家鹿島清兵衛の妻で、元新橋芸者のぽん太。（横浜開港資料館所蔵）

のある作品が多い。

「美人もの」には演出写真とお座敷写真の両方がある。後者の芸者をモデルとする芸事の写真は、職業尽くしの一部でもある。カタログに単にGirlとのみ記された純粋な美人ものも多いが、炊事・洗濯・飲食・裁縫・化粧・入浴、あるいは生花・茶道など、生活の場を設定して撮影されたものも多く、日本の生活習慣を伝えるモチーフとセットになっている。

職業尽くしのモデルは大半が男性であり、肉体労働を扱ったものも多い。いわば男は逞《たくま》しさを、女は美しさを強調しつつカメラに収まり、その写真を外国人に売って外貨を稼いでいたわけである。ここでは前者の例として図24を、後者の例として図25を紹介しておこう。

（補注1）ベネット氏によると、スティルフリートの遺族に伝わる写真に写っている日本人がKusakabe Kimbeiと裏書されているという（巻末参考文献 *Photography in Japan 1853-1912*, P.133）。このことから「日下部金兵衛はスティルフリートの下でも働いていた」と推測され、それが定説化しつつあるが、この人物はどうみても金兵衛ではない。

（補注2）このカタログは巻末参考文献 *Old Japanese Photographs: Collector's Data Guide.* PP.135-145で復刻されている。

ファルサーリと玉村康三郎

ファルサーリの来日

ファルサーリ（FARSARI, Adolfo）についても新しい発見があった。発見者はエレーナ・ダルプラというイタリアの女性研究者で、たまたま移り住んだヴィチェンツァの家の屋根裏で、数冊の写真アルバムとともに、ファルサーリが家族に宛てた書簡の束を発見したのだという（Elena DalPra, 'Adolfo Farsari, un avventuriero fotografo', *Domina*, No. 33, 1991. 1）。従来は「アドルフ・ファサリ」と発音されていたが、その実像がイタリア人研究者によって明らかにされつつあることに敬意を表して、その後は「アドルフォ・ファルサーリ」と呼ぶことにした。

ファルサーリは一八四一年、ヴィチェンツァに生まれ、モデナ陸軍士官学校に通ったのち、ナポリで陸軍に入隊した。そのまま軍人の道を歩むかと思われた矢先、おそらくは借金が理由で、出奔《しゅっぽん》同然にアメリカへ渡る。南北戦争中は北軍に従軍し、二度負傷しながら、終戦まで戦った。その後ニューヨークで金持ちの未亡人と結婚するが、この結婚生活は失敗に終わったらしい。一八六七年以降、行方不明となる（この部分は、リア・ベレッタ「日本の明治時代にレンズを向けて（2）―アドルフォ・ファルサーリ―」による。*Viste dalla Camera*〔在日イタリア商工会議所発行機関誌〕、二〇〇〇年三・四月号）。

消息不明だったファルサーリが姿を現したのは、明治六年（一八七三）の横浜だった。その後の数年間の足跡も不明だが、明治十一年（一八七八）版ディレクトリー（商工名鑑）にいたって、横浜煙草会社（Yokohama Cigar Co.）の支配人として名前が現れ、翌年版からサージェント・ファルサーリ商会（Sargent, Farsari & Co.）のパートナーとなる。取扱品目は、煙草・書籍・文具等であった。このころ、横浜居留地の地図（*Lithographed Map of Foreign Settlement & Bluff of Yokohama*, 1879）の出版やガイド・ブック（*Tourist's Guide to Yokohama, Tokio, Hakone, Fujiyama, Kamakura, Yokoska, Kanozan, Narita, Nikko, Kioto, Osaka, Etc., Etc.*）・会話書・辞書とともに、すでに日本の名所風景写真を販売していた。

ファルサーリ商会の開業

こうした経歴から、わたしは「横浜写真小史」のなかで、ファルサーリについて「実業家であって写真家ではないであろう」と書いたのだが、これはみごとに外れで、いつ技術を習得したかは不明だが、自信に満ちたプロの写真家だった。ファルサーリは明治十八年（一八八五）二月、玉村康三郎《たまむらこうざぶろう》をパートナーとして、居留地十七番のベアト以来の老舗《しにせ》の写真館を、フランツ・フォン・スティルフリートから継承し、ファルサーリ商会を創始した。しかしスタートは災難続きだった。まず創業直後の十九年二月九日、火災で写真館が全焼し、すべてのネガを失ってしまった。またこの年にはパートナーの玉村康三郎を三〇〇ドル相当の硝酸銀を盗んだ廉《かど》で告訴するが、無罪となった玉村から逆に名誉毀損《きそん》で訴えられるという泥仕合を演じている（『時事新報』明治十九年九月六日号、「外人の敗訴」による）。

ファルサーリは隣の十六番に移転するが、同じ時期に臼井秀三郎が興した横浜写真社が史料から消えるので、これを買収した可能性がある。このころ、あるガイド・ブック（*The Official Railway & Steamboat Traveller's Guide*, Yokohama, Japan Gazette, 1888）に出した広告によると、失われたネガを回復するため、かれは五ヵ月に及ぶ撮影旅行を敢行した。中山道を中心に東は日光、西は京都・伊勢に及ぶものであった。同じ広告のなかで、当社の写真は良質のため高価だが、一見すれば他の写真館で購入する気にはならないであろうとか、サンプルの彩色と寸分違わぬ写真を提供しうる唯一の写真館である、などと述べており、そうとうな自信家であった。

この自信は根拠のないものではなかったようだ。明治二十二年（一八八九）に横浜を訪れたキップリング（KIPLING, Rudyard）の次のような証言を、リア・ベレッタ氏が紹介している（前掲「日本の明治時代にレンズを向けて（2）―アドルフォ・ファルサーリ―」）。

値段が高く、一文無しになったとしても、日本が初めてならば、日本では写真を買うべきだ。最高の写真は、サイゴンからアメリカにいたるまで有名なファルサーリ写真館で見つかる。ファルサーリは感じの良い、風変わりな、芸術家魂を持った人で、その作品の質のためにお金を払わなければならないのだが、彼の商品は払うだけの価値がある。

明治二十三年（一八九〇）、ファルサーリは娘のキクを連れてイタリアへ帰国し、家族をビックリさせている。娘の存在をまったく知らせていなかったからである。横浜に戻るつもりだったらしいが、健康がそれを許さなかった。八年後の一八九八年、ヴィチェンツァ近郊の別荘で死去、五十七歳であった。

日本人の手に

ファルサーリの帰国後も、写真館は共同出資者のサージェントや日本人写真家の手で経営された。先に資料4（一六九ページ）として、明治二十四年ごろの写真館の陣容を紹介したが、その時点で社員の大半は日本人であった。また、すでに触れたように、過半が着色師であった。

写真館は明治二十九年（一八九六）ごろ山手百八十四番A、三十七年には元町一丁目一番地、四十年に山下町三十二番地へとかなりめまぐるしく移っている。代表者も明治三十四年に支配人の殿倉常太郎、三十七年には写真技師の渡辺徳之助、翌年幹部社員の深川伊《い》都麿《とまろ》に変わっている。三十九年版のディレクトリーからは日本国籍の事業所として記録されるようになる。大正六年（一九一七）の『横浜社会辞彙《じい》』（横浜通信社）によると、そのころ横浜写真業組合の事務所がここに置かれていた。大正十二年の関東大震災後も神戸で再建されるが、長続きしなかった。この写真館の歴史は、ベアトによって生み出され、スティルフリートによって育てられた横浜写真の一潮流が、ファルサーリを経て日本人に継承される過程を示すものとして興味深い。

ファルサーリ帰国後も写真館が健在だったことの理由として、この商社には実業家として、あるいは写真家として、意欲的な人材が集まっていたことを指摘できるであろう。殿倉常太郎は、写真館と同じ敷地の山下町十六番地にあった靴・鞄製造販売業の大仏商会の経営にも携わっていたようだが、明治三十三年にはこれを合資会社に改組している（『横浜商業会議所月報』四七号、一九〇〇年）。渡辺徳之助は着色師の鈴木正作とともに幻灯写真に新工夫を施し、フェリス女学校と横浜住民倶楽部《クラブ》で試写会を催している（『時事新報』明治二十二年五月三十一日号）。

明治四十三年の『横浜成功名誉《めいよ》鑑《かがみ》』（横浜商況新報社、復刻版、有隣堂、一九八〇年）は、

ここから独立した写真家として、福田京助と萩原喜三郎の名を挙げているが、ほかにもかなりの数の日本人写真家がここから育ったものと思われる。なかでも興味深い人物に水野半兵衛がいる。

先述のとおり、半兵衛は明治二年（一八六九）、横浜に来て臼井秀三郎のもとで修業し、翌三年郷里の静岡で開業、十八年には再び横浜に来てファルサーリ商会の創業に参画、二十年に久良岐郡戸太村太田二千二百七番地（現在の日の出町あたり）で独立したユニークな経歴の持ち主で、近年郷里の静岡で注目されるようになった（『写された明治の静岡』、静岡市教育委員会、一九九八年）。二十四年には金蒔絵《きんまきえ》写真で特許を取得している。日下部金《くさかべきん》兵衛《べえ》の曾孫《ひまご》フリーダ・サンジオさんから寄贈していただいた金兵衛の遺品のうちに、半兵衛が金兵衛の作品を焼き付けた金蒔絵写真があり、金兵衛に師事していたことを推測させる。金兵衛のプライベート・アルバムに半兵衛の肖像が含まれていることからも、両者の親交を知ることができる。

玉村康三郎

『京浜実業家名鑑』（京浜実業新報社、一九〇七年）という文献によると、玉《たま》村康三郎《むらこうざぶろう》は安政三年（一八五六）二月、江戸下谷《したや》根岸町に生まれた。また、『創業紀念三十年誌』（前掲）によると、明治元年ごろ、十三歳で写真師金丸源三の門に入り、七年に浅草で独立した。『横浜貿易新報』明治四十一年三月十一日号に掲載されている広告で、「弊館は明治十五年の開業」と述べているから、横浜に移ったのは十五年のことである。同号には「肖像並びに風景写真の優秀なること他に其の比を見ざる程の逸品を出し、在留外国人は勿論一般来遊外人の賞賛」を博しているという記事も見える。

明治十四年にはじめて写真を輸出したこと、十八年二月にファルサーリと組んで日本写真社を継承したこと、その後も直輸出に努め、二十九年アメリカからの大量受注に成功したことなどについては、すでに述べた。二十六年版のディレクトリー掲載の広告には、所持する風景写真の種板《たねいた》は一二〇〇〇枚余とある。

写真館は当初弁天通一丁目二番地にあり、玉真堂と称した（『毎日新聞』明治二十三年十一月二十二日号掲載の広告による）。なお、「住吉町四丁目　玉真堂」と記された台紙もあるので、一時移転したことがあるのかもしれない。四十一年暮には店舗を拡張している（『横浜貿易新報』明治四十一年十二月三十日号、「玉村写真館の拡張」による）。四十二年の『横浜成功名誉鑑』によると、そのころ玉村は「全国写真術者中の最も多額納税者」であり、日本乾板株式会社の取締役を兼ねていた。また、四十三年に設立された横浜写真業組合の事務所が玉村写真館に置かれていることからすると、玉村が初代の組合長に選ばれたのであろう（『横浜市第九回統計書』、横浜市役所、一九一二年）。

『横浜社会辞彙』には、大正五年（一九一六）、尾上町五丁目に「壮麗なる二階建の家屋を新築して移転」「写真術の妙技を以《もっ》て其《その》名声を世上に馳《は》せ市内第一流の写真館なり」とある。この時、組織を合資会社玉村写真館とし、代表の地位を玉村騎兵衛に譲った。おそらく玉村康三郎は、横浜写真の製作者のうちで、写真家としてのみならず、実業家としても、もっとも成功を収めた人であったろう。

玉村の成功の秘密に、ファルサーリ商会との因縁の対立があるのではないであろうか？玉村は明治二十四年（一八九一）、ある書籍（Tomita Gentaro, *Tourist Guide and Interpreter*, 1891）に、元ファルサーリ商会員の高名な着色師 S. Shosaku を社員として迎えた旨の広告を出している。この着色師は、二十三年、渡辺徳之助とともに幻灯写真に新工夫を施した鈴木正作のことであろう。幻灯写真で名を揚げた直後に引き抜いたことになる。こうした競争が両者にプラスに働いたものと思われる。

写真の直輸出に努めたことのほか、玉村が横浜写真の歴史の上に残した功績の一つに、「製茶及び養蚕・製糸の作業工程の一連の写真」を残したことがある。『創業紀念三十年誌』によると、製茶に関するものは、「明治十五年本邦製茶輸出業者の需《もと》め」により、輸出の増進を図る目的で撮影されたという。

横浜写真の衰退

横浜写真は、明治三十年代半ばごろから急速に衰退したようである。輸出統計が三十四年（一九〇一）度で切れていることが、なによりも雄弁にそのことを物語っている。何が衰退の原因となったのだろうか？

写真製版技術の普及

コロタイプと呼ばれる写真製版技術は、一八七〇年代にドイツで開発されたという。印刷速度が遅く、一つの版で数千枚しか刷れないため、今日では一部の美術印刷などに利用されるだけだが、網点の細かい、写真印画に匹敵する画像がえられる。日本ではアメリカで技術を習得した小川一真《かずまさ》が、明治二十一年（一八八八）に写真版印刷業を始めたのがもっとも早い。写真版に彩色を施すことも、さっそく行われる。小川が二十三年に出版した『日本美術帖』はその最初の例である。それはまた、名勝風景や風俗など、横浜写真の対象にも及んだ。やはり小川が二十七年に出版した *Illustrated Companion to Murray's Japan Guide-Book* はその一例である。写真製版技術が普及し、それが彩色技術と結びつくことによって、横浜写真の領分が侵されていく。

玉村康三郎《たまむらこうざぶろう》もコロタイプ印刷に手彩色を施した写真帳を数種類製作している。また、日下部金兵衛《くさかべきんべえ》の絹写真はコロタイプ印刷を活用したもので、これらは大手写真館の「ポスト横浜写真」の新事業だったのであろう。

彩色絵葉書の流行

明治三十三年十月一日、郵便規則（逓信省令第四二号）が施行され、私製葉書の使用が認められるようになって以降、絵葉書の流行が始まる。三十八年に日露戦争の勝利を記念する各種の絵葉書が発売されたころから、爆発的な流行をみせる。当時の値段は一枚二銭から一〇銭の間であったから、横浜写真より格段に安い。

横浜では、名勝風景や風俗に題材を取った彩色絵葉書も早くから登場したことであろう。横浜の絵葉書製作者としては、「日本元祖絵葉書製造元」を自認する上田義三《よしぞう》が早い。欧米遊学ののち、横浜写真版印刷所を開設したのが、三十年のことである（大正二年以降、上田写真版合資会社）。ついで三十七年、吉岡長次郎が星野屋を開業した。東京で絵葉書を仕入れ、横浜の居留外国人に転売したところ、飛ぶように売れたのが開業のきっかけだという。その広告では「輸出向絵葉書製造卸」を謳《うた》っている。彩色絵葉書が横浜写真に取って替わっていく様子がよくわかる。これに応じて、ファルサーリ商会や金幣《きんぺい》写真館など、横浜写真の全盛期を担った写真館も絵葉書の製作に乗り出す。横浜は彩色絵葉書製作の中心地ともなった（斎藤多喜夫「絵葉書からのメッセージ」、横浜開港資料館編『一〇〇年前の横浜・神奈川―絵葉書でみる風景―』有隣堂、一九九九年）。

アマチュア写真家の登場

乾板と保存性の良い印画紙POP（プリンティング・アウト・ペーパーの略）の普及によって、アマチュア写真家の層が厚くなる。一八八八年（明治二十一）にロールフィルムを使用するフィールド・カメラ「コダック」が発売されると、その数は飛躍的に増えた。日本でも明治三十四年の東京写友会と東洋写真会、三十五年の帝国カメラ倶楽部《クラブ》と日本写友会等、三十年代中ごろから各地で陸続《りくぞく》とアマチュア写真家の団体が設立されるようになる（小沢健志「アマチュア写真団体の創立」、前掲『日本の写真史』所収）。

外国人旅行者や居留民の間にもカメラが普及する。ファルサーリ商会ではいち早く写真教室を開いたり、旅行者が無料で現像できる暗室を用意して、アマチュア写真家へのサービスに努めている。

横浜開港資料館では、所蔵資料のなかから、数人の外国人アマチュア・カメラマンが日本に滞在中に撮影した写真のアルバムを集め、展示したことがあるが、それらはいずれも明治三十年代のものだった（伊藤久子「『一〇〇年前の旅行アルバム―外国人が撮ったニッポン―』展から」、横浜開港資料館館報『開港のひろば』七六号、二〇〇二年四月）。この事実から も、アマチュア・カメラマンが急速に増大するのは三十年代、つまり二十世紀初頭のことだと思われる。こうしたことも、横浜写真に対する需要を減少させる要因となったことであろう。

横浜写真の意義——エピローグ

写真史上の横浜写真

本書の冒頭で触れたように、カメラの前身にあたるカメラ・オブスキュラは写生の道具であった。写真自体、絵画が写実性を高めようとする努力の過程で生み出されたものであり、誕生の時点ですでに色彩と結びつこうとする衝動を秘めていた。この衝動が日本絵具と日本人の彩色技術に出会ったとき、単純明快な一つの解答が見いだされた。それが横浜写真の最大の特色となる手彩色写真である。いうまでもなく、もう一つの解答がカラー・フィルムの開発であった。

手彩色写真が「写真画」と呼ばれていたことからもわかるように、それは絵のような写真であった。名勝風景写真とは、絵になる対象を選んで撮影されたもので、「目で見る歌《うた》枕《まくら》」のようなものであった。書割《かきわり》をバックに小道具を配置して撮影される演出写真にいたっては、絵のなかに人間をはめ込んだようなものであり、生き人形でも用は足りた。もっとも生身の人間のほうが安上がりだっただろうけれども。事実、演出写真のなかの赤ん坊は人形の場合が多い。

木下直之氏が『写真画論―写真と絵画の結婚―』（岩波書店、一九九六年）で詳細に跡づけているように、洋画と写真が同時に受容された日本では、両者の蜜月関係が生じ、それぞれが独自性を自覚して領分を確定するには長い時間がかかった。写真の場合には、露光時間の壁があった。卓越した報道写真家として定評のあるベアトですら、下関砲撃に従軍しても戦闘場面を撮影することはできず、ワーグマンに書いてもらった絵を複写して売り出すしかなかった。

やがて技術の進歩がこの問題を解決することになる。露光時間の短縮と写真製版技術の普及である。象徴的な事例は日清戦争報道であろう。ジャーナリズムの形成期にあって、報道写真に代わる役割を果たしていたのは、江戸時代以来の「時事版画」たる浮世絵であって、新聞錦絵《にしきえ》や新聞挿絵《さしえ》として画像メディアの地位を保っていた。日清戦争に際しても多数の浮世絵師が従軍し、戦争錦絵が大量に制作された。しかしそれは時事版画としての浮世絵の最後の光芒《こうぼう》となった。この戦争には写真家も従軍しており、その写真がコロタイプ印刷の写真帳となって売り出された。日清戦争は写真が画像メディアとしての地位を確立する画期となった。日露戦争ともなると、もう写真の独壇場になる。

横浜写真は、写真が独自性を自覚する以前、絵画との幸福な蜜月関係にあった時代の産物だということができる。

横浜写真が絵画と写真との関係についてのややこしい思弁に悩まされることがなかったのは、それが商品であり、商売として成り立っていたからである。

輸出用工芸品として

明治時代の横浜は日本を代表する国際貿易港だったが、ここから輸出されたのは、生糸や茶・海産物・工芸品など、農民・漁民・職人の間に、江戸時代を通じて蓄積された技術に基礎をもつものであった。横浜写真自体、舶来の技術である写真が、絵付けや経師《きょうじ》・蒔絵《まきえ》などの伝統技術と結びつくことによって生まれた輸出用工芸品であった。日本の近代化のために必要な外貨は、これらによって獲得されたのである。

その意味で、当時の横浜港貿易は、「古き日本」を輸出して西洋の近代文明を輸入し、「近代日本」を生み出すためのものであったといえる。横浜写真の内容が、おおむね「古き日本」を表現するものとなっているのも、このことに規定されている。しかし、「古き日本」は、当時にあってはけっして非現実ではなかった。幕末に形成された横浜の町自体、外国人居留地を別とすれば、江戸時代の他の町とあまり変わるところはなかった。洋風化の波が日本人市街にも及ぶようになるのは、横浜写真の終末期にあたる明治三十年代（一八九七〜一九〇六）後半のことである。これも横浜写真が明治三十年代に終焉《しゅうえん》を迎えることとの時代背景の一つであろう。町の外に出れば、そこには江戸時代さながらの農漁村が点在していた。

日本最大の居留地をもつ横浜は、内外人の交流が日常的に行われる町であった。このことから、日本人に対して西洋的なものを、西洋人に対して日本的なものを強調する二重のエキゾティシズムが生まれる。西洋風の街並みをもつ一方で、日本趣味の豊かな町でもあり、この二面性が横浜のもつ国際性にほかならなかった。横浜写真が「古き日本」を強調するのは、外国人に対して日本的なものがもつエキゾティシズムの現われであり、写真家と着色師などの職人を含め、外国人と日本人の合作によって生まれたという点でも、横浜のもつ国際性を体現している。

また、横浜は商人や職人によって、無から創造された町であり、庶民性という点に一つの特徴をもつ。横浜写真には、こうした明治時代の横浜の町の性格が反映されており、そのような意味で、横浜の歴史にとって記念すべき遺産の一つだということができる。

以上の記述から、横浜写真が「古き日本」を描いた絵のようなものだからといって、けっして単なるフィクションではないことも明らかとなるであろう。まったくのフィクションは、演出写真のうちの「二本差し」と「ハラキリ」くらいなものである。

時代の証言者として

横浜写真が「写真」であるかぎり、現実を記録する態度が蔽いつくされてしまうことはない。名勝風景写真も江戸時代以来の歌枕をなぞるだけではなく、東京や横浜に出現した「開化新名所」をも記録の対象とするようになる。今日、産業・土木遺構など、「近代化遺産」と呼ばれるものの映像も豊かに残してくれているのである。

風俗写真の分野でも、露光時間の短縮によって、野外でのスナップ写真が可能となる。あるいは照明装置の発明によって、スタジオ以外での屋内撮影も可能となる。もっとも、二十世紀に入って盛行する絵葉書に比べると、横浜写真の風景写真に写し込まれている人物の数は少なく、立ち止まらせているためか、動作もぎこちない。しかし、スタジオでの演出写真に比べれば、より生活の実相に近い映像が得られるようになる。

世紀の変わり目は、日本にとって、国家と社会の変わり目、少なくとも変化の始まりであったと思われる。十九世紀も終末を控えた一八九九年（明治三十二）、国家と国民の悲願だった条約改正が達成された。日本は「未開国」の境域を脱し、「文明国」の仲間入りを果たしたのである。

二十世紀に入るころには、選択的に受容された西洋文化が伝統文化に接ぎ木されて、和洋混淆《こんこう》の独特の文化が定着するようになる。そのことは、束髪《そくはつ》に袴《はかま》と靴を履《は》く、あの独特の女学生スタイルを想起すれば足りる。束髪とは髷《まげ》を結っていないのに結っているように見える髪型である。袴もズボンの影響を受けているであろう。

このころには、開国・開港期以降に生を受けた人々が多数派になりつつあった。謡曲か義太夫しか受け付けなかった人々に伍《ご》して、西洋音楽を理解しうる音感をもった人々が社会の前面に登場してきたのである。これはほんの一例であり、日本の社会の全体にわたって大きな変化が起こりつつあったように思えるのだが、詳述するためには別の研究を必要とするであろう。ここでは、日本の社会が変わりつつあったこと、横浜写真がその対象とした「古き日本」がいよいよ過去のものとなりつつあったことが了解されればよい。

横浜写真が記録したのは、開国・開港以降、明治三十年代ごろまでの、十九世紀後半の日本であった。それは「古き日本」の大海に、文明開化の産物が、点と線のように浮かんでいた時代の日本である。そのような時代の証言者なのであった。

世界が一つになったのは十五世紀末のことであった。コロンブスによって、旧世界と新世界がはじめて結びつけられたのである。十九世紀は世界がヨーロッパ中心に再編成される時代であった。旧世界の一つの中心であったインドが、西の最果ての国、イギリスの植民地となり、もう一つの中心であった中国が植民地化の危機にさらされる。東の最果ての国、日本が世界にデビューしたのは、そのような状況のもとにおいてであった。

日本イメージの発信

いまや世界帝国となったイギリスは、ローマ帝国がタキトゥスの『ゲルマニア』を必要としたように、帝国を維持するために、領内や周辺地域の情報を必要とした。インドや中国で王立アジア協会が組織され、情報の収集と分析が行われた。明治五年（一八七二）には日本アジア協会も組織されている。ジャーナリズムの分野でも、『絵入りロンドン・ニュース』のように、世界各地から、記事のみならず、画像情報をも収集して掲載する新聞が発行部数を伸ばした。情報最前線の日本にやってきたのが、ワーグマンやベアトであった。かれらによって、日本からの画像情報の発信基地が構築される。

十九世紀も後半となると、大型蒸気船による定期航路の開設や電信線の敷設《ふせつ》によって、地球はますます狭くなった。スエズ運河とアメリカ大陸横断鉄道の開通は、それまで外交官や軍人、貿易商人らに限られていた世界の門戸を、一般の旅行者に開放した。かくして横浜には、東から西から、地球漫遊者（Globetrotter）たちが押し寄せるようになる。フィクションではあるけれども、ジュール・ヴェルヌの小説『八十日間世界一周』の主人公、フィリアス・フォッグが横浜に足跡を印したのは、一八七二年（明治五）十一月十四日のことであった。

もちろんかれらは有閑階級に属する人々であって、人口全体から見れば微々たる数にすぎない。そのためだろうか、かれらは自分だけが旅行を楽しめば良いとは考えなかったようだ。筆のたつ人は旅行記を書き、絵画の心得のある人はスケッチをして故郷への土産とした。特技のない人は写真を買って帰り、アルバムをめくりながら、あるいは幻灯を映写しながら、日本の美しい風景や、奇妙な風習のもとで生活する人々のことを語ったのである。

横浜写真は輸出品でもあった。日本に来たことのない人々にも日本のイメージを提供していた。写真製版技術が普及する以前には、それらは木版画や銅版画に変換されて書物の挿絵となった。横浜写真が欧米人の日本イメージの形成に与えた影響がどの程度のものであったか？　はっきりしたことを言いうるような調査結果を知らないが、おそらく予想以上に大きかったのではないだろうか。

もちろんそれは正確無比な日本イメージとは言えない。地域的には東北・北海道・北陸・四国が極端に少ないし、東京や横浜でも、旧名所でもなく、新名所でもない、普通の町並みは写されることがまれだった。風俗写真も全体として「古き日本」を強調しすぎる嫌いがある。しかし、かつて「フジヤマ・ゲイシャといった低俗な写真」だとか、「写真の買手である外国人に媚《こ》びた卑屈な撮影態度」などと言われたほどヒドイものではない。それは部分的なものではあれ、十九世紀日本の現実を伝えていたのである。それによって形成された欧米人の日本観の当否を問題にすることも必要であろう。しかしそれ以上に横浜写真は、歴史の先を急ぎすぎた日本人が置き忘れてしまった「古き日本」を、どのように見直すのか？　という問いを投げかけているように思われるのである。

あとがき

古写真にはさまざまなタイプがあるが、その一つに、来日外国人に対する土産物や輸出品として、幕末から明治時代にかけて製造・販売された「横浜写真」があった。その性格上それらは海外に保存されており、日本ではベアトや日下部金兵衛《くさかべきんべえ》といった名だたる写真家の存在すら忘れられていた。高度経済成長期を経て、円高ドル安が進んだ昭和五十年代以降のことだろうか？　横浜写真は日本人によって買い戻されたり、外国人ディーラーが日本に持ち込んだりして、ぞくぞく里帰りを始めた。バブル経済の時代にはその値段が法外に吊り上げられ、バブル崩壊後の現在もそれほど値下がりしていない。幸運なことに、横浜開港資料館の開設準備のために比較的潤沢な資料収集予算があった昭和五十年代中ごろには、まだ値上がりしておらず、ベアトや金兵衛のものを含む良質の写真アルバムや幻灯板写真を大量に収集することができた。

横浜開港資料館で、浮世絵や古写真がわたしの担当分野となったのは、消極的に言えば、古文書の解読や外国語が得意でなかったからで、絵画についても写真についても、特別な素養をもっていたわけではなかった。それにもかかわらず、五十六年九月には早くも、開館記念の特別展示に続く最初の企画展示として「下岡蓮杖《しもおかれんじょう》と横浜写真」を担当することになった。

創業時のことでもあり、資料の所在調査や借用交渉には館員が総出で当たった。未熟な展示ではあったが、館員の熱意が通じたのか、蓮杖ゆかりの方々をはじめ、資料の所蔵者は快く出品してくださったし、これを機会に多くの写真家や写真史家と知り合うことができた。今にして思えば、若気の至りというか、怖いもの知らずというか、素人の分際をも顧みず、小沢健志先生（当時九州産業大学教授）をはじめ、写真史や写真技術史のトップクラスの研究者に教えを乞うことができた。また、蓮杖の開業は正確にはいつなのか、ほんとうに日本最初の営業写真家といえるのか、その写真術習得の過程や、謎の人物「ウンシン」の正体など、多くの宿題を抱え込むことになり、黎明期の日本と横浜の写真史の研究がわたしの課題の一つとなった。

従来の写真史の研究家は、写真の技術や表現の専門家ではあっても、歴史研究の訓練を積んでいない。そのため史料の探索が不十分だったり、解釈を誤るケースも見られた。わたしの場合、写真については素人だが、歴史研究については専門教育を受けている。そのおかげで、従来の写真史家には思いもよらない史料を発見したり、解釈の盲点を突くことができた。その結果、かなりの新事実を探り当てることに成功した。

横浜開港資料館では、職員の間で研究分野を分担しあい、外部の研究者と共同研究を行って、その成果を資料の収集・整理や展示・出版などの事業に生かすようにしている。わたしの担当した分野は外国人居留地の歴史であった。開館直後収集された幕末に居留地で発行されていた英語の新聞は、わたしにとって格好の史料となった。それによって、幕末の横浜にやってきた外国人写真家たちの足跡も、おもしろいように明らかになった。それまで嘘ともまこととも知れない不確かな言い伝えによって、あたかも伝説上の人物のように語られていたベアトの事跡が、確かな史実として浮かびあがってきた。ソンダースやパーカーなど、それまでほとんど知られていなかった写真家の存在も明らかになった。

その間、当時としてはかなり高価だったベアトのオリジナル・アルバムを購入することができた。また、目が肥えてくると、収集済みの写真のなかからもベアトのオリジナル・プリントやコピーを識別できるようになった。その成果は昭和六十二年に開催した企画展示「写真家ベアトと幕末の日本」や、その際に刊行した『F・ベアト幕末日本写真集』の解説編「横浜写真小史」で公表した。この写真集は、地方都市の地味な公共施設の出版物としては珍しいロング・セラーとなっている。

「横浜写真小史」は写真史の分野でのわたしの処女論文となったもので、写真集が良く売れただけに、かなり良く読まれている。しかし、一五年も前のことである。ウンシンの謎解きに失敗しているし、その後わたしを含めて何人かの研究者が新しい事実を掘り起こしている。横浜最初の営業写真家フリーマンや日本人最初の営業写真家鵜飼玉川《うかいぎょくせん》のことなど、そしてウンシンの正体もついに明らかになった。

これらの新事実は、横浜開港資料館や地元の出版社のローカルな出版物か、あるいは専門誌などに掲載されたため、広く流布していない恨みがある。その意味で、今回、吉川弘文館の一寸木紀夫氏から、幕末・明治期の横浜の写真史について、「歴史文化ライブラリー」の一冊としてまとめることを勧められたのは、タイミングの良い提案に思われた。それはわたしにとって、一五年前の「横浜写真小史」に換えて、その後の新事実を盛り込んだ新しい横浜の写真史をまとめる機会を与えられたことを意味する。

それにしても、素人のわたしが、曲がりなりにも写真史の研究を続けることができたのは、小沢先生のみならず、多くの同好の士との交際や、同僚との史料情報の交換があったからである。末尾ながら、感謝の意を記して筆を置く。

二〇〇三年三月　横浜の寓居にて

斎藤多喜夫

参考文献

小沢健志『日本の写真史—幕末の伝播から明治期まで—』ニッコールクラブ刊、一九八六年。『幕末・明治の写真』として筑摩書房より再刊（ちくま学芸文庫、一九九七年）。

斎藤多喜夫「横浜写真小史—F・ベアトと下岡蓮杖を中心に—」、横浜開港資料館編・刊『F・ベアト幕末日本写真集』一九八七年。

斎藤多喜夫「横浜写真の世界」、横浜開港資料館編『彩色アルバム・明治の日本—横浜写真の世界—』有隣堂刊、一九九〇年（増補版、二〇〇三年）。

斎藤多喜夫「横浜写真史物語」、横浜美術館編・刊『幕末・明治の横浜展』二〇〇〇年。

Terry Bennett, *Early Japanese Images*, Tokyo, 1996.

John Clark, *Japanese Exchange in Art 1850s–1930s*, Sydney, 2001.

（補注）本書刊行後に公表された参考文献

斎藤多喜夫「横浜写真小史再論」、横浜開港資料館編『F・ベアト写真集2—外国人カメラマンが撮った幕末日本—』明石書店、二〇〇六年

ルーク・ガートラン「シュティルフリート写真館小史—巨匠と助手とライバル—」、横浜都市発展記念館・横

浜開港資料館編『文明開化期の横浜・東京―古写真でみる風景―』有隣堂、二〇〇七年
東京都写真美術館監修『下岡蓮杖：日本写真の開拓者』国書刊行会、二〇一四年
セバスティアン・ドブソン＆スヴェン・サーラ編『プロイセン・ドイツが観た幕末日本』ドイツ東洋文化研究協会、二〇一一年
『アドルフォ・ファルサーリ写真展―開港地横浜のイタリア人写真師―』イタリア文化会館、二〇一三年
江川文庫・東京大学史料編纂所古写真研究プロジェクト編『日本近代化へのまなざし　韮山代官江川家コレクション』吉川弘文館、二〇一六年
アルフレッド・モーザー著／ペーター・パンツァー編注『明治初期日本の原風景と謎の少年写真家』洋泉社、二〇一六年
東京大学史料編纂所古写真研究プロジェクト編『高精細画像で甦る一五〇年前の幕末・明治初期日本　ブルガー＆モーザーのガラス原板写真コレクション』洋泉社、二〇一八年
Terry Bennett, *Photography in Japan 1853-1912*, Tokyo/Singapore, Tuttle Publishing, 2006
Terry Bennett, *Old Japanese Photographs: Collector's Data Guide*, London, Bernard Quaritch Ltd., 2006
Anne Lacoste, *Felice Beato, a Photographer on the Eastern Road*, The J.Paul Getty Museum, Los Angeles, 2011
Luke Gartlan, *A Career of Japan: Baron Raimund Von Stillfried and Early Yokohama Photography*, Brill Academic Pub, 2015
Luke Gartlan/Roberta Wue, *Portraiture and Early Studio Photography in China and Japan*, Routledge, 2017

著者紹介

一九四七年、横浜市に生まれる

一九八〇年、東京都立大学大学院修士課程修了

横浜開港資料館・横浜都市発展記念館元調査研究員

主要著書

横浜外国人墓地に眠る人々　幕末・明治の横浜

―西洋文化事始め―　横浜もののはじめ物語

歴史文化ライブラリー

175

幕末明治　横浜写真館物語

二〇〇四年(平成十六)四月一日　第一刷発行

著　者　斎《さい》藤《とう》多《た》喜《き》夫《お》

発行者　林　英男

発行所　株式会社　吉川弘文館

東京都文京区本郷七丁目二番八号

郵便番号一一三―〇〇三三

電話〇三―三八一三―九一五一〈代表〉

振替口座〇〇一〇〇―五―二四四

http://www.yoshikawa-k.co.jp/

印刷＝株式会社 平文社

製本＝ナショナル製本協同組合

装幀＝山崎　登

歴史文化ライブラリー

1996.10

刊行のことば

現今の日本および国際社会は、さまざまな面で大変動の時代を迎えておりますが、近づきつつある二十一世紀は人類史の到達点として、物質的な繁栄のみならず文化や自然・社会環境を謳歌できる平和な社会でなければなりません。しかしながら高度成長・技術革新にともなう急激な変貌は「自己本位な刹那主義」の風潮を生みだし、先人が築いてきた歴史や文化に学ぶ余裕もなく、いまだ明るい人類の将来が展望できていないようにも見えます。このような状況を踏まえ、よりよい二十一世紀社会を築くために、人類誕生から現在に至る「人類の遺産・教訓」としてのあらゆる分野の歴史と文化を「歴史文化ライブラリー」として刊行することといたしました。

小社は、安政四年（一八五七）の創業以来、一貫して歴史学を中心とした専門出版社として書籍を刊行しつづけてまいりました。その経験を生かし、学問成果にもとづいた本叢書を刊行し社会的要請に応えて行きたいと考えております。

現代は、マスメディアが発達した高度情報化社会といわれますが、私どもはあくまでも活字を主体とした出版こそ、ものの本質を考える基礎と信じ、本叢書をとおして社会に訴えてまいりたいと思います。これから生まれでる一冊一冊が、それぞれの読者を知的冒険の旅へと誘い、希望に満ちた人類の未来を構築する糧となれば幸いです。

吉川弘文館

〈オンデマンド版〉
幕末明治 横浜写真館物語

On Demand
歴史文化ライブラリー
175

2019年（令和元）7月1日　発行

著　者　斎《さい》藤《とう》多《た》喜《き》夫《お》
発行者　吉 川 道 郎
発行所　株式会社　吉川弘文館
〒113-0033　東京都文京区本郷7丁目2番8号
TEL　03-3813-9151〈代表〉
URL　http://www.yoshikawa-k.co.jp/

印刷・製本　大日本印刷株式会社
装　幀　清水良洋・宮崎萌美

斎藤多喜夫（1947～）

ISBN978-4-642-75575-7